イランと日本

駐日イラン大使の回顧録 2008―2011

セイエド・アッバス・アラグチ 著
Seyed Abbās Arāghchī

稲見誉弘 訳
Inami Takahiro

論創社

親愛なる日本の読者の皆様へ

このたび、再び日本の皆様と語りあい、日出づる国で過ごした思い出を共有できますことを大変嬉しく思います。日本での日々は私の心に深く刻まれ、かけがえのない記憶となっております。駐日イラン・イスラム共和国大使として過ごした数年間は、私の人生における貴重な経験であり、豊かな学びの宝庫でした。在任中に触れた日本の豊かな文化と悠久の歴史は、私の心と魂に永遠に刻まれています。日本のことを思うたびに、私の一部が今も皆様と共にあることを感じるのです。本書は、そのような私の記憶の一端を映し出したものです。

日本は、古来より受け継がれてきた誇り高き歴史と文化を持ち、その輝きは全人類にとってのインスピレーションの源泉となり得るものです。強靭な意志とたゆまぬ努力で数多くの困難を乗り越え、祖国を世界で最も先進的で文明的な国へと導いた日本国民の偉業は、まさに称賛と尊敬に値するものであります。日本人の功績は、経済や技術の分野にとどまらず、文化的かつ人間的価値の保護と普及にも確固たる形で現れています。

私は在任中、日本独自の文化遺産と伝統に触れる機会を得た一方で、常に祖国イランの価値ある遺産についても思いを馳せてきました。いにしえの歴史と偉大な文明を誇るイランは、世界文明の礎の一つであり、アジア大陸の西と東に位置するイランと日本は、長きにわたり諸国民や諸文明にインスピレーションを与えてきた豊饒な文化と悠久の歴史を共有しています。古代から今日に至るまで両国は、共通の価値観のもとに、常に発展と協力の道を歩んできたのです。

このたび皆様にお届けする本書は、イランと日本両国間の政治・経済関係、文化的・人的交流の一端を描いたものです。本書では、私が日本での生活と仕事を通じて得た経験を、外交官の視点から読者と共有し、日本の国と人々の実像をお伝えすることに努めました。両国の歴史的、文化的交流の偉大さに比べれば、本書は一滴のしずくに過ぎないかもしれませんが、両国民が互いをより深く理解しあい、永続的な友好関係が一層深化する一助となれば幸いです。

本書が日本語に翻訳・出版される運びとなり、両国民間の相互理解と協力を促進する懸け橋となることを念願しております。本書は、イランの人々が日本をより深く、正しく理解し、同時に、日本の人々が他国からどのように認識されているのかを知るためのささやかな試みでもあります。親愛なる読者の皆様が、少しでも学びや気づきを得られることを切に願ってやみません。

最後に、本書の日本語版の出版にあたり、国際平和のための貴重な活動を続けておられる笹川平和財団、笹川陽平名誉会長ならびに角南篤理事長に満腔の謝意を表します。在任中、笹川平和財団と出会い、イランの研究機関等との交流をスタートさせることができました。この交流が二国間の相互理解を促進する有益なプロジェクトとして結実していることを喜ばしく思います。

素晴らしい解説を寄せてくださった、傑出した中東・イラン研究者である放送大学名誉教授の高橋和夫先生、本書の出版にご尽力いただいた論創社の森下紀夫社長、さらに、極めて正確かつ精密に日本語に翻訳してくださった、私の良き友である稲見誉弘氏に深く感謝申し上げます。私が知っている日本語に精通したペルシア語話者、ペルシア語に精通した日本語話者の中で、稲見氏ほどの力量と技量を持つ人は他にいません。

私と家族は日本で約四年間を過ごし、日本の皆様の温かいおもてなしの心に深く感銘を受け、多くの素晴らしい思い出を胸に抱いております。ここに、イラン・イスラム共和国外務大臣として、イランと日本の両国民の友情と相互尊敬の証たる本書を贈らせていただきます。

皆様のご健康とご活躍を祈念しつつ。

二〇二四年九月

イラン・イスラム共和国外務大臣　セイエド・アッバス・アラグチ

はじめに

本書は、東京における報告書ではありません。日常の回想でもなく、私が駐日イラン大使として四年近く滞在した時に理解し経験した、日本の人々と政府についての一端を伝えるものです。私は二〇〇八年二月から二〇一一年一〇月まで駐日イラン・イスラム共和国大使を務めました。回顧録という形式で、私なりに日本の政治や人々の文化を紹介しようとする試みとなります。具体的な事例や個人的な体験を通して日本と日本人について語ることで、学術研究の手法では埋もれてしまう事柄が浮かび上がると考えます。つまり具体的事例を通して日本人の独創性（国民性、独自性）や文化、日本の社会と統治の流儀を紹介するものです。

本書は、日本に関心を寄せる読者に新たな視点を提示し、新たな「日本研究」の一書となるでしょう。時には些細な点に触れる場合もあり、一見するとさほど重要ではないように思われるかもしれません。しかし、日本の人々と政治についてより深く理解する上で有益であると考えます。そして、イラン人と日本人とのより良い交流に寄与することを願っています。

本書では、日本の人々の独創性や文化についての回想や私見に加え、外務省に三〇年以上奉職してきた職務経験、特に核交渉において、あるいはフィンランド、エストニア、日本の三カ国で大使として経験したことの一部を著わしました。外交上の一般的な約束事や外交官としての私的な経験についての記載は、イラン外務省の若手の、特に東京に赴任する外交官にとって、教訓的かつ教育的なものとなるでしょう。

本書は私の兄弟とも言うべき友人ナビオッラ・シラジ氏の尽力により完成しました。東京赴任経験もあり、日本について深い知見のある氏は、私の後任として駐日大使を務めたナザルアハリ氏、私の駐日大使時代に政務班長を務めたベテラン外交官のスィヤーワシュ・ジャアファリ氏、長年にわたり駐日イラン大使館に勤務しペルシャ語に精通している退官した同僚のセイエド・ヘシュマトッラ・ガラミザーデ氏らからなる編纂委員会の長を務めてくれました。

編纂委員会では私が回想を語り、同僚たちが補足してくれました。委員会のメンバー、とりわけ口述筆記の労をとり、流麗で美しい文章で原文を綴ってくれたシラジ氏に心からの謝意を表します。また、写真の収集と選択においてはモハンマドレザ・ジャッバーリ氏に、装丁においてはアーラシュ・タンハーイ氏に、心より感謝申し上げます。

在任中、共に働いてくれたすべての同僚に対して、実際本書で書かれていることは彼ら、彼女らの努力の賜物であり、心からの謝意を表します。とりわけマンスーレ・シャリフィ公使と前任のサルマディラード公使に深く感謝いたします。さらにはイラン人と日本人の大使館現地職員、とりわけテヘラン、フィンランド、そして日本において常に私に同行し尽力してくれたハミード・シャファイ氏に感謝の意を表します。すべての同僚の名前をあげたいところですが、長いリストになってしまうためかなえることができません。本書において修正や加筆が必要であれば、ご教示いただければ幸いです。

二〇二二年九月

イランと日本——駐日イラン大使の回顧録　2008～2011　目次

親愛なる日本の読者の皆様へ　i

はじめに　v

序章　1

日出づる国が私を呼んでいる　自然災害が多く、天然資源の少ない日本　第二次世界大戦後の驚嘆すべき発展　日本の飛躍的発展の秘密　発展の行動様式と文化：事実と神話

第一章　私、セイエド・アッバス・アラグチ　7

イスファハンの家族　大学と戦争　外務省付属大学校（国際関係学院）　母の教え　イラクによる再びの侵攻：サウジアラビアにて　カンタベリーのケント大学　旅客機のタラップからの帰国　世界最北の地での大使　大学校への復帰　外務次官

第二章　なぜ、日本？　18

「神にお任せしよう、職歴を述べよ！」　核交渉団のメンバー　アラグチを解任せよ！　駐日大使の提案　日本人の大歓迎　それまでの訪日　麻生太郎氏との面談　日本：東洋の心、西洋の思考、日本人の道徳観

第三章　東京での任務開始　29

天皇陛下への信任状捧呈　お辞儀はご勘弁を！　厳粛かつ簡素な信任状捧呈式　日本人にサプライズは禁物　温かい交流　アラグチ――新しく久しい地（新久地）　アラグチ大使の名刺　奏功するギフト　外交の世界のギフト交換の慣習と機微　共通点を見つけること：外交官としての成功の秘密　菊花紋章　第一印象の大切さ　交渉相手との共通の言葉：外交における一般のルール　外交官の仕事の本質に秘められたネットワーク構築　ネットワーク構築の手段　接受国政府に対する絶え間ない情報提供　日本の政府要人や政治家との幅広い交流　国会議員との交流　イランでの日本人学生誘拐事件　学生と父親が謝罪にイラン大使館へ　誘拐事件に対する日本政府の対応　日本における謝罪文化　日本式の謝罪、イラン人受刑者も　反省のルール：過ちを受け入れよ！　集団主義

第四章　日本での任務環境と外交の雰囲気　61

政治と統治　政権の中心的責務である富の生産　日本の軍国主義　政治と経済の密接な関係　ビジネスパーソンと経団連に対する首相の全権・全面的コミットメント　国会議員候補に対する政治資金のからくり　省庁間の人事交流　民間企業と経済産業

省との人事交流（官民人事交流）　貿易・産業企業のマーケターとしての国会議員　汚職・贈収賄防止のためのメカニズム　家業：日本文化に深く根付いたもの　日本の民主主義と世襲政治　政界における家業　世襲議員の事例　伝統的徒弟制度での政治家養成　肥大化した強力な官僚制　日本の反逆的ポピュリズムの挫折　国民統合の象徴としての天皇　明仁天皇との会談　宮中の厨房のザクロペースト　敗戦と天皇の神性の剥奪

第五章　日本人の独創性について　93

尊敬と調和：日本人の道徳観の二大要素　瑣末事への神経質さと綿密さ　緻密さは憔悴するほどに　ラリジャニ国会議長の訪日　日本人のやり方に対するイラン人のやり方！　人口減少の超高齢社会　私より年上ですか？　幼少期からの規範教育　教育と人材開発：発展の最大の秘密　日本人の宗教　日本人のもう一つの顔　個のアイデンティティが失われること　過度の勤労とその後遺症　過労死　うつ病と自殺　軍国主義の日本　日本の好ましくないイメージ

第六章　日本外交のスタイルと流儀　118

アメリカとの関係：日本外交の戦略的要　周辺環境の脅威への対応　富の生産：日本

外交の主要任務　国際的信用の獲得：すべての国の願望　ＪＩＣＡ：日本外交の右腕
緒方貞子：無尽蔵のエネルギー

第七章　日本とアメリカ　127

アメリカ：核兵器による占領犯罪国、あるいは日本の復興と発展の支援国　ヒロシマ：核兵器廃絶の象徴　日本文化における栄誉と屈辱　誇りある死による栄誉の追求
カミカゼ　日本：軍隊のない国　憲法第九条改正の取り組み　自衛隊の国外での任務　表皮に隠れた屈辱感とノーと言える日本　アメリカの歴史と同じ古さの日本の茶碗

第八章　日本とイラン　141

イランと日本の外交関係　イランとアメリカとの間での日本の大変な仕事　日本とイランと西側諸国の三角形　大使館での勤務開始　日本外務省の仕事のしきたりと手法
制裁下での日本外相のイラン訪問　佐々江外務審議官との協議　ノンアルコールビール　イランとの核交渉への日本の参入　テヘラン研究用原子炉の燃料交換案　ジャリリ氏の訪日と、燃料交換案　燃料交換のための日本側の不成功に終わった案　鳩山由紀夫総理への歴史的親書　経済分野　口座内の預金を空っぽにせよ！　石油タン

カー再保険　イランとの人道物資取引のための特別口座　非石油製品の輸出　二〇一〇ＦＩＦＡワールドカップの記念絨毯　サフランで治癒しない痛みはない！　世界で最も人気がある日本人観光客　観光と半分のケバブ　文化交流と文化活動　文化外交とイメージ戦略　ソフトパワーに尽くすイメージ戦略　イメージ構築の最善の手段としての文化外交　「ペルシアシルク絨毯の世界」展　神道と仏教の祭事　日本でのズールハーネの師匠の音　ズールハーネ実演会　サムライと義侠の徒　武士道とイランのパフラヴァーン（勇者）文化　近代とサムライの神話化　サムライのアイコン化　日本の右翼とサムライ　ラスター彩陶芸がイランから日本へ　「愛ははじめはたやすく思えたが、後に困難をともなうことがわかった……」　クールジャパン：イメージづくりでの日本の成功体験　盛大なナショナルデー祝賀会　ケバブ外交！　日本のマスメディアとの交流

第九章　在日イラン人　198

在日イラン人の歴史　日本の高度経済成長の終焉とイラン人労働者の帰国　滞在ビザ取得のためのイラン人の画策　在日イラン人の構成と文化　二〇〇九年の大統領選イラン人コミュニティとの交流　在日イラン人にアイデンティティと自己肯定感をノウルーズの祝祭、コーラン中のお年玉　宗教行事　金の鍋！　著名な在日イラン

人　イラン人留学生　文部科学省の奨学生　イラン人ヤクザ　日本人ヤクザとの徒弟関係　ヤクザ：日本のマフィア　一見すると莫大な麻薬密売の利益　イラン人の犯罪に対する日本人の見方　イラン人の埋葬　イラン人受刑者の置かれた状況　日本の刑務所　天皇への六〇〇ページの信書！　イラン人受刑者の更生と改善のためのイニシアティブ　巡回図書館　大統領選での受刑者の投票　イラン人の誇りと自尊心　受刑者移送条約

第一〇章　東日本大震災 229

最後の審判の日……！　大使館での危機管理　大きな余震　地震によって生じた大津波　福島原子力発電所事故　沈黙の死の恐怖　在日イラン人脱出のためのチャーター便　被災地への支援　緊急避難地域からの脱出：ハプニングだらけの夜　山田町でのイラン料理の炊き出し　津波による人的・物的被害　イラン大使館の貢献への日本側からの謝意　日本人を襲った不意打ち　津波災害におけるメディア管理　日本人の行動から学ぶべきこと　遠藤未希さんのこと　ピンチをチャンスに　地震シミュレーション装置　水資源管理における日本人の技術

おわりに――東京での任期を終えて 260

訳者あとがき　262

解説：高橋和夫（放送大学名誉教授）　265
南麻布からテヘランへ　核交渉という〝一大叙事詩〟　トランプとバイデン　イラン・日本関係の証言者　外交という人間模様　合わせ鏡

対談：笹川平和財団角南理事長／アラグチ元大使　276
日本語訳出版の意義　日本人の行動様式　イランにおける人のつながり　イランと日本の関係　日本人の平和観と笹川平和財団の果たすべき役割

イランと日本——駐日イラン大使の回顧録　2008～2011

序章

日出づる国が私を呼んでいる

二〇〇七年、マヌーチェフル・モッタキ外務大臣の時代、私は法務・国際問題担当事務次官の職にあり、さらには本省から、アリー・ラリジャニ国家安全保障最高評議会書記を団長とする核交渉団に加わっていた。その年の夏、ラリジャニ氏とアフマディネジャード大統領との対立が頂点に達し、最終的には同年一〇月のラリジャニ氏の辞任に至った。その数日後、モッタキ大臣から執務室に呼ばれた。なんら背景となる事情の説明もなしに、また前置きもほどほどに、大臣は言った。「あなたには駐日大使館へ行ってもらうのが良いと思う!」

驚いた。しかしその理由は別のところにあることを悟った。何年も前に数日間東京を訪問したことがあり、日本の国自体は好きだった。しかし赴任地としての魅力は感じられなかった。日本に対する漠然としたイメージは、閉鎖的な社会で、外交官としての必須条件である、仕事上の関係構築が厳しい環境というものだった。かつて在フィンランド大使を務めたこともあり、ヨーロッパの方がより精通していると自負していた。それゆえ、大臣がすでに決断していることを感じ取っていたものの、自らの運を試そうと、私は言った。「在外公館への赴任が決まっているならば、ドイツの方がよくありませんか？　ドイツの方が仕事でより多くの成功を収めることができると思います」私は在ベルリン大使館のポストが空いていることを知っていた。大臣は笑みを浮かべて言った。「日本の方が良い。君は知らないだけだ！　私は日本にいた経験があるからわかっているんだ」モッタキ大臣は一九九五年から一九九九年まで駐日イラン・イスラム共和国大使を務めていた。

大臣の最終決定が通告され、赴任は決定済みの人事であることを理解した。ただ、赴任地も上層部が決めたことなのか、大臣の個人的な考えなのか、はかりかねた。私はそれ以上何も言わなかった。「どうにでもなれ」と思い、神にお任せすることにした。その翌日、ラリジャニ氏との最後の面談の場で、事の経緯を語った。氏は驚き、また残念がっていた。

今振り返って、その後の出来事と推移を概観すると、この辞令には大変素晴らしいメリットがあったことを確信する。日本に赴き、実際、神はなんと素晴らしい機会を私に与えたもうたのかということを理解した。日本での経験は、私の外交官としての職業人生の中での黄金の機会であった。本書の目的は、単なる回顧録を綴ることではなく、この貴重で尊い経験を読者の皆様と共有することにある。

自然災害が多く、天然資源の少ない日本

日本は環太平洋火山帯に位置する島嶼国であり、地球上で最も多く最も激しい地震や噴火がある場所だ。地震、土砂崩れ、火山の噴火等の数えきれないほどの大規模な自然災害が、絶え間なくこの国を襲う。約二〇〇の火山があり、そのうち六〇は活火山である。日本の総面積の六八％は人の住めない山岳地帯や森林からなる。また、エネルギー資源や地下資源が乏しく恵まれない土地である。第二次世界大戦、とりわけ原爆投下による甚大な人的被害と街の損壊、無条件降伏とそれに続く七年間に及ぶ連合国軍による占領統治もまた、この国が被ったもう一つの災いである。

第二次世界大戦後の驚嘆すべき発展

第二次世界大戦では約三〇〇万人が犠牲となった。それにもかかわらず、日本は戦後の焼け野原から立ち上がり復興を遂げただけでなく、一九六八年、すなわち終戦からたったの二三年後には、驚異的な発展により、資本主義世界第二位の経済大国の地位を得たのである。現在においても、経済不況や、中国や韓国といった域内の強力なライバル国との対立等の厳しい状況下ではあるが、国内総生産は四兆二千億ドルを超え、世界第四位の経済大国である（二〇二三年）。経済的・社会的・人的開発の指標によれば、最も発展した国の一つと位置付けられている（国連開発計画、二〇一九）。日本のめざましい発展は明らかにまぎれもなく世界的な象徴である。

自然災害が多く天然資源の乏しいこの国の発展の秘密は何なのか？　日本人はいかにして、ここまで進歩し数々の国々を追い越してきたのか？　日本からどのような教訓を学ぶことができるのだろうか？　これらの疑問は、少なくとも一九〇五年、すなわちロシア大帝国との戦争での日本の勝利後からイランの人々が考え続けていることだ。さらには、明治維新はイランの宰相アミール・キャビールによる改革の後に始まったという事実も、非常に感慨深いものがある。

両国の発展の歴史を俯瞰すると、この比較が見当違いのものではないことがわかる。イランより一〇年以上遅れて日本は国家の改革に着手したが、明治時代の知識人の構成の多様性と彼らの優れた特性により、日出づる国の改革は持続的かつ実効的なものとなったのである。

日本の飛躍的発展の秘密

日本の飛躍的な発展の秘密については様々な見解や分析がある。「適した地理的環境」の理論は、この国がある程度大陸から離れていることから、大陸の野蛮民族の攻撃から防御することができ、と同時に大陸の文明の産物を享受する上で適度に近いことが日本の発展の要因であると主張する。島国であること、そして諸外国への門戸を閉じ、二一〇年以上鎖国政策をとったことにより、欧州の植民地支配諸国からの影響を避けることができた。アジアの他の国と異なり、植民地支配諸国の介入を免れ、政治的安定を確立した。この安定は、経済的安全保障と発展の礎となったのである。

もう一つの理論は、一六世紀の農地改革に関するものである。農地改革は農村社会と農業部門の強化につながる改革であった。しかし大多数の支配的な理論は、日本社会の文化・独創性・規範こそが発展の主な要因であるという。これは、ほぼすべての日本研究者、特にナギザデ・テヘラン大学教授が指摘し、日本発展の要として紹介している。教授は、経済・社会発展の原点を思想や倫理観の発展に見いだし、これこそが、日本の飛躍的発展の最大の要因であるとみなす。換言すれば、人的資源こそが発展の主因であり、その他の要因はそれに追随するもの、あるいは二次的なものである。地理的環境や気候風土の要素は、文化・独創性・規範の次にくる、副次的な役割を果たすにすぎない。

発展の行動様式と文化：事実と神話

日本は数千年の文明を有する国である。運に恵まれ、また地理的環境ゆえに歴史を通して外部の諸民族や部族の攻撃から免れ、豊かな文化を有する数千年の文明を享受している。今日、日本社会の文化と独創性は発展の模範とされており、イラン国内では、発展したイランの形容として「イスラム的日本」という用語が用いられることもあるほどである。欧米の多くの人が信じている発展した社会の形容や特性の多くは、日本にすでにその完成形が存在する。社会的秩序や規律、治安の良さ、法や規則の遵守、時間厳守……これらに加え、国への忠誠心、無限の愛国心と職業上の誠実さ、そして集団主義、すなわち個人に対する集団の優位性などである。もちろん、集団への絶対的服従と追随はマイナスの影響をもたらすこともある。個人から大胆さや主体性、柔軟性を奪い、集団メカニズムの一部品になってしまう。過大評価を避け、日本社会の問題点にも留意する必要があるが、日本民族の独創性と行動様式のいくつかは、別の惑星人を見ているのかと思うほど、ユニークなものである。

日出づる国の驚嘆すべき発展の秘密に関する絶え間ない問いかけにより、日本研究と日本文化に関する認識は深化してきた。イランでは翻訳も含め実に多くの論文や書籍、一説では一五〇〇本以上の論文が出版されている。何十冊もの本に、日本の発展の秘密についての記述があり、経済や文化の思考様式、独創性や行動スタイルの基盤が紹介されている。中でも在任中に深い交流を持った、著名なイラン人日本研究者であるハーシェム・ラジャブザーデ博士とモハマド・ナギザデ教授の著作は特に優れたものだ。もちろん日本の文化や独創性については、過大評価や正確でない記述も見受けられ、次のような疑問が生じる。日本的とされる特徴や特性はどの程度神話化されたもので、どの程度事実に基づくものであるのか？　この驚嘆すべき発展は、規範や価値観とともに、どのような問題や負の結末をもたらしたのか？

本書は、この疑問に答える試みでもある。

第一章　私、セイエド・アッバス・アラグチ

イスファハンの家族

私は一九六二年一二月、バザールに家系のルーツがある、信仰心の非常に篤い家の四人兄弟三人姉妹の第六子として生まれた。父セイエド・ホセイン・アラグチは、イスファハンのバザール、そしてその後テヘランの絨毯バザールの古参の一人だった。私が一七歳の時に父は他界した。

母バトゥール・ガーズィーハの父モハンマド・ホセイン・ガーズィーハは、テヘランバザールの偉大な最有力者の一人だった。祖父もまたイスファハン出身であり、社会的信用の非常に厚い人で、テヘランのバザールのアーガ・セイエド・アズィーゾッラ・モスクにアーヤトッラー・ハーンサーリが不在の時は礼拝の導師を任されていた。父の死後、四〇年にわたり母は、私と弟のモハンマド・ホセイン・アラグチの父母の役割を果たした。父の四〇回忌を目前に控えた二〇二〇年七月三一日、母は父のもとへと旅立った。

アラグチ家（左から時計回りに、著者の祖父、父、伯父、叔父、1930年）

兄のセイエド・モルテザ・アラグチは父の死後一家の柱となり、一家一族の結束を保つべく尽力した。モルテザとそのほかの兄弟は、父の絨毯業を継ぎ、それぞれが現在テヘランバザールで最も信頼される一人として活躍している。しかし私は別の道を歩んだ。兄弟がみな商売とバザールの一家にあって、別の道を選ぶのは容易なことではなかった。

大学と戦争

一九八〇年に高校を卒業した。当時私は数学が大好きで、電気工学か電子工学を学びたいと思っていた。しかし運命により、我々一九六二年生まれの高校生の卒業年は、文化革命と大学閉

外務省附属国際関係学院の同期生との集合写真（右端が著者、1988年）

鎖と重なってしまった。私は高校を首席で卒業し、一九八一年まで、大学の再開と進学への望みを持ち続けた。しかし「押しつけられた戦争」（イラン・イラク戦争のこと）の中にあって、日を追うごとに戦火が広がり、国の一部は占領され、もはや静観し、じっとしていることはできなかった。最終的には大学進学を諦め、一九八一年、イスラム革命防衛隊に入隊した。

一方で、進学と学業継続への願いは常に、またどのような状況にあっても頭の中にあった。革命防衛隊に所属していた数年は、決して自らの人生の一部として数えない。あの清らかで豊かな精神性に満ちた時代は二度と経験することはないだろう。

外務省付属大学校（国際関係学院）

一九八五年、革命防衛隊の親友アリー・オスーリ氏が、外務省付属大学校（ＳＩＲ）の入学試験を受けてみてはどうかと勧めてくれた。二人で受験し、私は合格したが、彼は残念ながら不合格だった。彼はのちに大学に進学し、イランの石油産業において最も成功を収めた幹部となっている。私が合格した理由の一つに英語の高い配点があった。姉のバドルサーダート・アラグチは高校の英語教師をしており、試験の前に姉のところでかなり特訓を受けていたのである！

大学校在籍期間中も革命防衛隊には所属していたため、学校にいることは少なかったが、大学校での思い出は良いものだ。当時、外務省付属国際関係学院は設立してまだ三年しか経っておらず、学位も高等教育省が認可したものではなかった。我々三期生は七〇人ほどだった。同期の一人レザ・ナジャフィ氏は、ある作戦にて行方不明になったが、神のご加護で解放され、無事帰還した。また他の同期数人も途中で別の道を選んだ。しかしそれ以外の学生は課程を修了し、外務省で同僚となった。

この時期の一番の親友の一人がレザ・ナザルアハリ氏であり、気が合い、よく連れ立っていた。外務省での職責も重なることが多かった。ともに修士号を取得し、外務省奨学生としてイギリスで博士課程に進学し、さらにはその後二人ともフィンランドでも、日本でも、大使を務めたのである！

母の教え

一九八九年、学院を卒業後、外務省に入省した。当時母が私に忠告し、その後の長い歳月、常に耳朶から離れることのない言葉がある。それは、「息子よ！　お国の仕事をすることになった以上、その四千万、あるいは五千万の人々に借りを作ってはいけないよ！」という言葉だ。当時のイランの人口はそれくらいであった。母は人様の権利や尊厳を尊重することに対して非常にセンシティブであった。他界した時、一銭の借りもなかったと確信している。

私とナザルアハリ氏は、ともに人権分野で卒業論文を書いたため、外務省国際問題担当事務次官下のイスラム・非同盟諸国課に配属され、本省での職務を開始した。同時に修士課程にも在籍していた。当時、私も巡礼に参加していた「一九八七年の流血のメッカ巡礼事件」のため、サウジアラビアとは国交が断絶していた。したがって同課の所管である「イスラム会議機構（ＯＩＣ、現・イスラム協力機構）」の本部があるサウジアラビアのジッダへの渡航、そして会議への出席は非常に困難であり、ほぼ途絶えていた。

しばらくしてから、ニジェール出身のハミド・アルガビド同機構事務局長がテヘランを訪問した。国際問題担当のモッタキ外務次官は事務局長に対し、「イランはサウジアラビアとは断交状態だが、あなたとは断交していない。よってジッダへの渡航と、機構事務局へのアクセスの便宜を図っていただきたい」と訴えた。事務局長は、一人分のサウジアラビア一カ月滞在用のビザを手配すると約束してくれた。その一人にくじ運の良かった私が選ばれ、妻子とともにジッダへ赴いた。

イラクによる再びの侵攻：サウジアラビアにて

当時、サウジアラビアにいたイラン人は私たち家族だけだった。私たちに対する治安上の監視は恐ろしいもので、かつ公然のものだった。どこへ行くにも、一人がおおやけに私たちを追跡した。ホテルへ戻ると、エレベーターには乗り込んで来なかったが、部屋に入ると無言電話が鳴った。つまり、ちゃんと部屋に入ったかどうか確かめていたようだ。

一カ月が経過したのち、もう一カ月間ビザが延長された。しかしイラクによるクウェート占領（湾岸戦争）、クウェート解放のためのアメリカによるイラク攻撃、サダム・フセインによるサウジアラビア、特にリヤドへのミサイル砲撃と時期が重なった。そのためジッダは、リヤドや他の都市から避難したサウジアラビア人で溢れ返っていた。私たちの宿泊先のホテルをはじめ、市内のホテルというホテルは、「針を刺す場所もない」ほどだった。航空便は運休となり、サウジアラビア政府ももはや私たちのビザは延長せず、「出国せよ！」と勧告された。

数日後、ヨーロッパ方面へ向かう限られた航空便が運行することになった。大変な思いをしてフランス入国ビザを取得し、パリへと飛んだ。パリ経由で翌朝テヘランへ向かうことになった。パリの空港に着くと、気温はおそらくマイナス一〇度ほどで、暑いリヤドから来た私たちは、暖かい服装を持参していなかった。非常に寒かったが我慢し、最終的にはエールフランス航空になんとかホテルを予約してもらった。

危機的状況が終結し、サウジアラビアとの国交再開の後、再度家族とともに数カ月間の赴任のためジッダへ向かった。イスラム会議機構内にイラン代表部の事務所を設け、事務所開設と業務開始の口上書を事務局へ送付した。その後しばらくして、サッバーフ・ザンギャネ氏が大使兼常駐代表として着任し、私は同氏に事務所を引き渡し、本国へ戻った。二度目のジッダ渡航の前、在ウィーン大使兼政府常駐代表だった故モジタバ・アラストゥ氏が、公使のポストを私に提案してくれた。私がジッダから帰国後、着任へ向けて事務処理が行われることになっていたが、そこに留学の話が舞い込んできた。語ると長くなるが、一度は私の名前が合格者リストから事務的ミスで削除されるなどの紆余曲折を経て最終的には私への奨学金給付が承認された。

カンタベリーのケント大学

当然のこととして、進学上の最高の選択肢は、レザ・ナザルアハリ氏がすでに入学し、在籍していたイギリスのケント大学への進学であった。私はイギリスへ渡り、数日間ナザルアハリの家に泊めさせてもらったが、アパートを見つけるのは大変だった。国際関係学院の同期で、奨学生としてケント大学修士課程に在籍していたハージザーデ氏は、大変素晴らしいアパートを見つけてちょうど引越しをするところだった。同氏は私がアパート探しに苦労しているのを見かねて、

イギリスのケント大学での博士号授与式（1996年）

その素晴らしいアパートを私に紹介してくれた。自分の新たなアパートは良いアパートでなかったにもかかわらずだ。氏のこの恩と厚情を忘れることは決してないだろう。

その家はイギリス南東部、ケント州のウィスタブルという小さな港町の郊外にあった。大学があるケント州の州都カンタベリー市まで車で一五分ほどの距離だった。その後しばらくして隣の家が空き、ナザルアハリ氏がそこに住むことになり、壁を隔てた隣人同士となった。私の方が後から入学したにもかかわらず、一緒に単位を取得し終え、ほぼ同時期に最終口述試験を受け、博士号を取得した。

テヘランへ帰国すると、教育・研究担当事務次官だったアッバス・マレキ氏が、国際部局へ戻ることを認めてくれず、外務省付属のシンクタンクである「政治国際問題研究所（ＩＰＩ

S)」の専門官となった。IPISと「トラック二外交（民間有識者間の意見交換のこと）」の仕事はそれ自体、一つの広大な世界であり、外交官は皆、この分野で少なくとも一課程は受講する必要があると思う。しばらくして私は研究所のペルシャ湾研究グループ長に、ナザルアハリ氏はヨーロッパ研究グループ長になった。外務省の専門学術誌の編集担当をしていた時期もあった。また同時に国際関係学院でもいくつかの授業を任され、教鞭をとっていた。

旅客機のタラップからの帰国

一九九八年のことと記憶しているが、イスラム・非同盟諸国課の課長を務めた経験があり、私のことを知っていたモハンマドレザ・アルボルズィ国際政治局長が、ニューヨークに事務官として行くことを勧めてくれた。ナザルアハリ氏はウィーン赴任を提案されていた。私はニューヨーク赴任へ向けての準備や手続きを進め、ビザを取得し、航空券も手配し、家も引き払った。その段階になって、教育・研究担当事務次官のアリー・ホシュル氏の後任として、セイエド・サーデグ・ハッラージ氏が着任した。IPIS局長のハージ・ホセイニ氏もまたちょうど任地へ赴くところだった。

ハッラージ氏の最初の仕事は、ホセイニ氏の後任を見つけることだった。ハッラージ氏が出席する会議に私も一度か二度参加していた。どういう経緯かは定かではないが、氏の関心が私に注がれるようになり、私に対しニューヨーク赴任は断念するよう、そしてIPISの局長に就くよう話を持ちかけられた。数日後には航空便に搭乗していなければならない状況下のことだった。様々な分野の関係者と相談し、結局本省に残ることを受諾した。

世界最北の地での大使

約一年間IPIS局長を務め、その後ハッラージ氏の提案とフォローアップにより、在フィンランド兼エストニア大使を拝命した。四年近くのフィンランドとエストニアの大使館での勤務は、非常に素晴らしい経験であった。

在フィンランド各国大使のほとんどが、初めて大使を務める人か、最後の大使職を務める人であった! つまりフィンランドは、外交官の職責としては上昇・離陸していく際にも良いし、また下降・着陸していくのにも適している。キャルビー国会議長の訪問、博物館での絨毯展の開催、フィンランド外相のテヘラン訪問、タルヤ・ハロネン・フィンランド大統領への離任の挨拶――大統領はイランに対するアメリカの威嚇を心配し、お別れの際には目に涙を浮かべてさえいた――、これらは在任中の思い出の一部だ。

もちろん、フィンランドで初の、かつ唯一のシーア派モスクの設立もあげられる。モスク設立は、二〇〇〇年ムハッラム月の三人から四人によるイマーム・ホセイン追悼行事から始まったもので、今では社会に認知されたイスラム教の一大センターへと発展している。この案件もまた、最も素晴らしい記憶の一つだ。さらには私の第三子、セイエド・レザのヘルシンキでの誕生も、忘れがたい思い出である。

大学校への復帰

フィンランドから本省へ帰任すると、アリー・アーハニ事務次官（ヨーロッパ・アメリカ担当）が、西ヨーロッパ第一課長のポストを提案してくれた。フィンランド着任前に局長職を経験していたものの、課長職の受諾に躊躇はなかった。その一年後、アリレザ・モアッイェリ事務次官（教育研究担当）から、国際関係学院長職の提案があり、私が意向を伝える前に、「次官評議会」で人事案を承認させていたのである。私は学院で学び、教鞭をとり、さらには院長職を経験した最初で唯一の人間であろう。院長職にあった時期に、その採用条件を「政治・外交」ポストから「学術評議員」ポストに変更し、現在は准教授の階位にある。

外務次官

二〇〇五年、アフマディネジャード大統領が選出されると、モッタキ氏が外務大臣に任命された。モッタキ大臣の就任により、私のキャリアの道がそれまでとまったく異なった方向へと向かう出来事が起きた。法務・国際問題担当事務次官への任命とラリジャニ首席交渉官のもとでの核交渉への参加、そして駐日大使拝命が、その出来事である。

第二章　なぜ、日本？

「神にお任せしよう、職歴を述べよ！」

東京赴任と駐日大使職の受諾には長い物語があり、そのきっかけは着任の四年前、すなわち二〇〇五年九月までさかのぼる。

二〇〇五年、外務省付属国際関係学院長の職にあった。私自身が卒業し、長い期間教鞭をとっていた学院である。本省の政務部局の喧騒から離れて、ニアヴァランにある外務省付属の複合施設内の学院で、どんな仕事よりも楽しい、学生たちとの交流や議論に勤しんでいた。

二〇〇五年九月のある日の午前八時、学院へ行く準備をしていたところ、自宅の電話が鳴った。外務省事務局からであった。一カ月前に国会で外務大臣の信任票を得たモッタキ氏がすぐに私と会いたいとのことで、八時三〇分には大臣室に到着するように言われた。テヘランの街の朝の大渋滞の中急いで向かったが、大臣室に着いた時には九時を過ぎていた。大臣はすでに別の会議に移動しており、面談は翌朝に延期され、朝食をとりながらの面談となった。

モッタキ氏は翌日の朝食会の場で、私に法務・国際問題担当事務次官代行への就任の話を持ちかけた。ゴラームアリー・ホッシュル氏が前政権から同職にあったが、新政権では複数の事務次官を交代させることになっていた。モッタキ氏はアフマディネジャード政権になって外務省を引き継いだあと、いまだ国際問題担当の事務次官の適任者を見つけておらず、適任者が見つかるまで代行を務めてほしいとの要請だった。国際問題担当事務次官の選任は、この職の重要かつセンシティブさゆえに、公正に見ても困難をともなうものだった。さらに、アフマディネジャード大統領が認める人物を見つけることはより困難なことだった。

同職のセンシティブさの一つは、核交渉と関連していた。同次官は核交渉団の中の外務省代表メンバーで、交渉団の運営は国家安全保障最高評議会書記が担っていた。二〇〇五年、大統領選を経て新政権が発足し、核交渉のアプローチは、ある種アグレッシブなアプローチへと変化しており、それゆえモッタキ大臣にとって法務・国際問題担当事務次官の選任はより困難になっていた。なぜなら、この新たな姿勢とアプローチに適した人選は、それまでの次官選任と比べ深慮が必要だったからである。

適任者が見つかるまで当面の間、アラグチを次官代行に任命する案を、誰がモッタキ氏に進言したのかはわからない。その日の朝、モッタキ氏はまさにその進言通りのことをした。大臣は言った。「適任者が見つかるまで、あなたには次官代行の職を受けてほしい」私はしばらく熟慮して応えた。

「どの部署の代行であれ、通常は正の役職者が任命されるまで、その機関の部署内から選んで就かせます。そしてその後代行を解任し、別の人物を正の役職に就かせる場合、問題は起こりません。しかし部外から誰かを代行として持ってくる場合、事務手続きを経てその正の役職に任命するのが一般の理解でしょう。代行をやめさせ、別の人物を正の役職者にするのは美しい形ではありません。私は後者となるわけです。いずれにせよ、大臣がどうしてもと強く勧められるのであれば、私には異論はありません。大臣を支えるためにどんな仕事でもいたします」

モッタキ氏は考え込んだ。少ししてから紙を取り出しペンをその上に置き、言った。「神の御名において、神にお任せしよう、あなたの経歴を述べなさい！」代行として推薦する考えを捨て、私を事務次官として大統領に推薦しようとしていることがわかった。私は職歴を簡潔に数分で述べ、彼は書き留めた。まさにその手書きの紙が、この職への任命へと向かう一連の事務手続きが回り始める起点となった。大統領の承認が得られるまでしばらくかかり、最終的には二〇〇五年一二月、外務省法務・国際問題担当事務次官の職に就いた。

核交渉団のメンバー

先に述べたように、アリー・ラリジャニ氏が団長を務める核交渉団の外務省代表に任命された。ラリジャニ氏は二〇〇五年八月から、国家安全保障最高評議会書記であり、核交渉の首席交渉官だった。厳しい時代であった。前交渉団は交渉に当たって積極的な攻めの姿勢をとらず、ラリジャニ氏の言葉を借りれば、「相手側に真珠を与え、その見返りにべっこう飴を受け取っていた」という状況であり、だからこそ挽回しようとしていた。

ウラン濃縮の一時停止は破られ、濃縮は再開された。相手側も事案を国連安保理に付託し、我が国に対する制裁決議案が立て続けに採択された。ラリジャニ氏は、この危機的状況を打開しなければならないという結論に極めて短期間で達し、よって合意のための方程式に至ることを目指した。当時のヨーロッパ側の交渉相手だったソラナ氏との間で進展があったが、そのことを知ったアフマディネジャード大統領が阻止した。

最終的にはラリジャニ氏との間で深刻な意見の対立が生じ、ラリジャニ氏は辞任した。ラリジャニ氏が去ることで、交渉団の他のメンバーも去らなければならなくなったのだ！

アラグチを解任せよ！

私は二〇〇五年一二月から二〇〇七年一一月の約二年間、外務次官兼核交渉団メンバーだった。この期間の出来事と核交渉の回想については、それ自体が「一大叙事詩」であり、稿を改め、時が来れば詳述しなければならないだろうし、いつか実現することを願っている。

一年が経過した頃、ラリジャニ氏とアフマディネジャード大統領との間で核交渉を巡り意見の対立が生じ、二年が経った頃にはさらに激化した。この意見対立の詳述、原因、彼らの姿勢やアプローチの違いのあり方などもまた「一大叙事詩」であり、ここで述べることではない。

ただ、この対立による圧力は、実のところラリジャニ交渉団に政府代表として参加していた、そして交渉における大統領の要求を追求しなければならない私にのしかかっていた。記憶しているのは一度、モッタキ大臣から交渉のいくつかの側面についての不満と私に関する非難があり、私は言った。「大臣、私は二人（ラリジャニ氏とアフマディネジャード大統領）の対立の間で、潰れてしまいそうです。お願いですから、ご一考ください！」大臣は誠実に応えてくれた。「君の言う通りだ。対立は最終的にラリジャニ氏を辞任に追い込んでしまった」。彼は二〇〇七年一〇月下旬に辞任し、サイード・ジャリリ氏が後任に就いた。

ラリジャニ氏の辞任は物語の終わりではなかった。アフマディネジャード大統領は、交渉団全員の交代と解任を考えていた。私は外交官として、国内政治には首を突っ込まないよう、ただイラン・イスラム共和国の国益と公益を考え追求するよう訓練を受けてきた。そして外務省でのすべての職責においてこの原則を守ってきた。しかし大統領の考えはこれとは異なっており、したがって辞めざるを得なくなった。それは交渉から退くのみならず、同時に外務省国際問題担当事務次官の職責からも身を引くことになる。アフマディネジャード大統領ははっきりとモッタキ大臣に指示した。「アラグチを解任せよ！」

駐日大使の提案

二〇〇七年一〇月のことだった。モッタキ大臣は私を呼び出し、前述した通り、駐日本大使を勧めた。大臣室を出た時、正直いい気分ではなかった。ちょうどそれは試合の途中で、監督から正当な理由もなしに、あるいは間違った判断でピッチから引きずりおろされた選手の気持ちだった。モッタキ大臣は、降格人事の代わりに、大臣がふさわしいと考えた任地へと私を送ることを大統領に説得してくれていた。そのことには感謝していたし、善意の上からだとはわかっていた。

しかしその頃は日本に対し良い印象は抱いていなかった。外務次官として三度訪日し、実りの多い会談も行っていた。しかしヨーロッパの大使館での経験から、「緑の大陸（ヨーロッパのこと）」の方がより力を発揮できるのではと考えていた。後になってそれは間違いだったと理解した。日本滞在は、私の職業上の人生の中で、最も素晴らしい経験となったのである。

日本人の大歓迎

モッタキ大臣の勧めを受け入れ、諸手続きが回り始め、二〇〇八年一月四日、帰国後経済担当事務次官に就任するモフセン・タラーイ氏の後任として、駐日イラン・イスラム共和国大使に任命された。

日本の関係者は、私が任命されたことを大変歓迎してくれた。法務・国際問題担当事務次官、そして核交渉団メンバーという私の職歴から、またイラン・イスラム共和国が上級外交官を駐日大使館に送るということから、温かく歓迎された。在テヘラン日本国大使館の対応は大変特別な

駐日大使着任前に、外務事務次官として麻生太郎外務大臣を表敬

ものので、新任大使としての日本入国のためのビザ取得の正式な手続きをふまずに、日本との外交官査証免除協定があることに依拠し、私は旅券を在テヘラン大使館へ送ることなく東京へと旅立った。

規則では新任大使、総じては在日本大使館に外交官として赴任する人物は、在テヘラン日本大使館でのビザ取得が必要である。日本の大使館職員はとても親切によくしてくださり、温かい歓迎をさらに手厚くしてくれたのだ。しかし、私の外交官IDカードを発行する段階になって、外務省から丁重な伝言があった。それは、アラグチ氏は在テヘラン大使館でビザを取得してから訪日した方が良かったというものだった!

それまでの訪日

外務次官兼核交渉団メンバーとしての訪日歴は、日本人の温かい歓迎に大きく影響したと思われる。私はその立場で三度日本を訪問していた。この訪問は定期的かつ核交渉の枠内で行われた。核交渉のための中国訪問時に、核交渉の最新の状況を日本側にブリーフィングするため、中国訪問の後に日本を訪問したいという意向を伝えた。興味深いことに三回とも、最初は外務大臣はスケジュールが一杯で大臣との面談の機会はとれないと伝えられた。私はそれに対し三回とも「かまいません。私は訪日して、私のカウンターパート（対等の立場にある相手）である日本国外務審議官と面談協議し、イランへ帰ります」と伝えた。最初の謝罪と口実に反し三回とも、日本側は大臣を訪ねて表敬する機会をアレンジしてくれた。

思うに、日本政府にとっては、この表敬は自国の国際信用と面目を保つため重要であった。なぜならイランは中国側に報告と説明をしており、日本政府もその国際場裡《こくさいじょうり》（国際交流の場所）での地位を示すため、この機会を失いたくなかったのだろう。

日本の外務大臣が過密スケジュールを抱えていることも事実であり、無関係ではなかったようだ。三度目の訪日の際、麻生太郎外務大臣は実際過密スケジュールを抱えており、外務省関係者は大臣との面談を設定するのに、大変な労力を費やしたようだ。麻生大臣は地方出張の予定があったものの私との面談のために時間をずらし東京に残ってくださったのだ。外務省で行われた面談が終盤に差しかかった頃、麻生大臣が次の予定に間に合うかどうか気にしだし、あせる様子が見てとれた。彼は最後に急いで私と握手をし、別れ、私よりも先に出口へ向かって走り、空港へと向かっていった。

麻生太郎氏との面談

それ以前に二度、外務次官として訪日した際に、当時の外務大臣であり、有力かつ影響力のある政治家で後に総理大臣に就任する麻生太郎氏と面談していた。麻生氏は与党自由民主党所属の傑出した政治家であり、日本の過去二〇年間における主要な政府要人の一人である。氏は二〇〇五年一〇月から二〇〇七年八月まで外務大臣の職にあり、東京での外務次官の立場での面談は、友好と友情をもたらすものとなった。

麻生氏は私の駐日大使在任中、二〇〇八年九月から二〇〇九年九月まで総理大臣を務め、その後も長きにわたり、副総理すなわち日本政府の序列ナンバー2の人物であった。麻生氏は自民党が政権の座に返り咲いた二〇一二年一二月以降、副総理兼財務大臣の座に就き、安倍晋三内閣におけるナンバー2の有力な政府要人であったのだ。

麻生氏は政治の仕事に加え、産業と貿易の舞台でも傑出した地位を有している。麻生一族は日本の古くからの産業界の有力者であり、麻生グループを保有している。家族経営企業の「財閥」は、日本の産業貿易界の中核的存在であり、麻生一族もその一角をなす。

日本：東洋の心、西洋の思考、日本人の道徳観

着任前から、驚嘆すべき日本については多くの事柄を聞いていた。何回かの公式訪問、またプライベートでも旅行をしていた。しかし今回は足を踏み入れる前に、この驚くべき国の秘密を勉強する必要があった。任地へ派遣される予定の次期大使の慣例に従い、東京に赴任する前に、城田安紀夫・在テヘラン日本国大使と会い、対話や雑談をした。大使には日本のこと、国民のことを聞いた。

城田大使は、短くしかし包括的かつ含蓄のある三つの言葉で日本を表現した。「東洋の心（Eastern Heart）、西洋の思考（Western Mind）、日本人の道徳観（Japanese Ethics）」、この三つの特徴で日本を定義づけることができるとの説明だった。東京在任中、私はこれらの特徴を実際にこの目で確かめ、そして経験した。

西洋的な思考とは、西洋的な統治のあり方や社会運営、政治と経済の形態をさす。この点から、日本は地理的にはアジアの国であるが、国際社会の陣営では西側陣営に属する。しかしこの西洋的統治手法の中で、日本人は東洋の心を固く守っている。東洋の心とは、まさに東洋的な独創性や情感であり、日本人固有の感情である。日本ではいにしえからのしきたりや伝統的価値観が脈々と受け継がれ、統治や発展に生かされている。

本書の随所で語る日本人の道徳観とは、独特の道徳観である。日本人の道徳観の中には、極東の近隣諸国の他の国民や民族にさえ見受けられないものもある。それはまさに中国や韓国と異な

るものである。

第三章　東京での任務開始

天皇陛下への信任状捧呈

二〇〇八年二月、モフセン・タラーイ氏の後任として東京入りし、イスラム革命後の第八代駐日イラン・イスラム共和国大使、そして両国の外交関係樹立後の第二〇代の駐日大使としての任務を開始した。

東京着任から約一カ月後、明仁天皇への信任状捧呈《ほうてい》式の日にちが、二〇〇八年三月一一日火曜日に決まったとの知らせを受けた。着任後すぐに、信任状の写しを外務省事務次官に提出していた。事務次官は日本の外交官僚機構の中でナンバー2の職位にある。日本の儀典様式では、事務次官への信任状の写しの提出により、各国大使は大使としてのあらゆる職務を行うことができる。しかし、天皇陛下への謁見や、陛下ご臨席の式典への参加はできない。

この決まりもまた、天皇の側面的かつ儀礼的役割を示すものであり、また、日本国民統合の象徴としての天皇の地位と立場の維持へ向けた日本人の尽力を伝えるものであった。アメリカは第

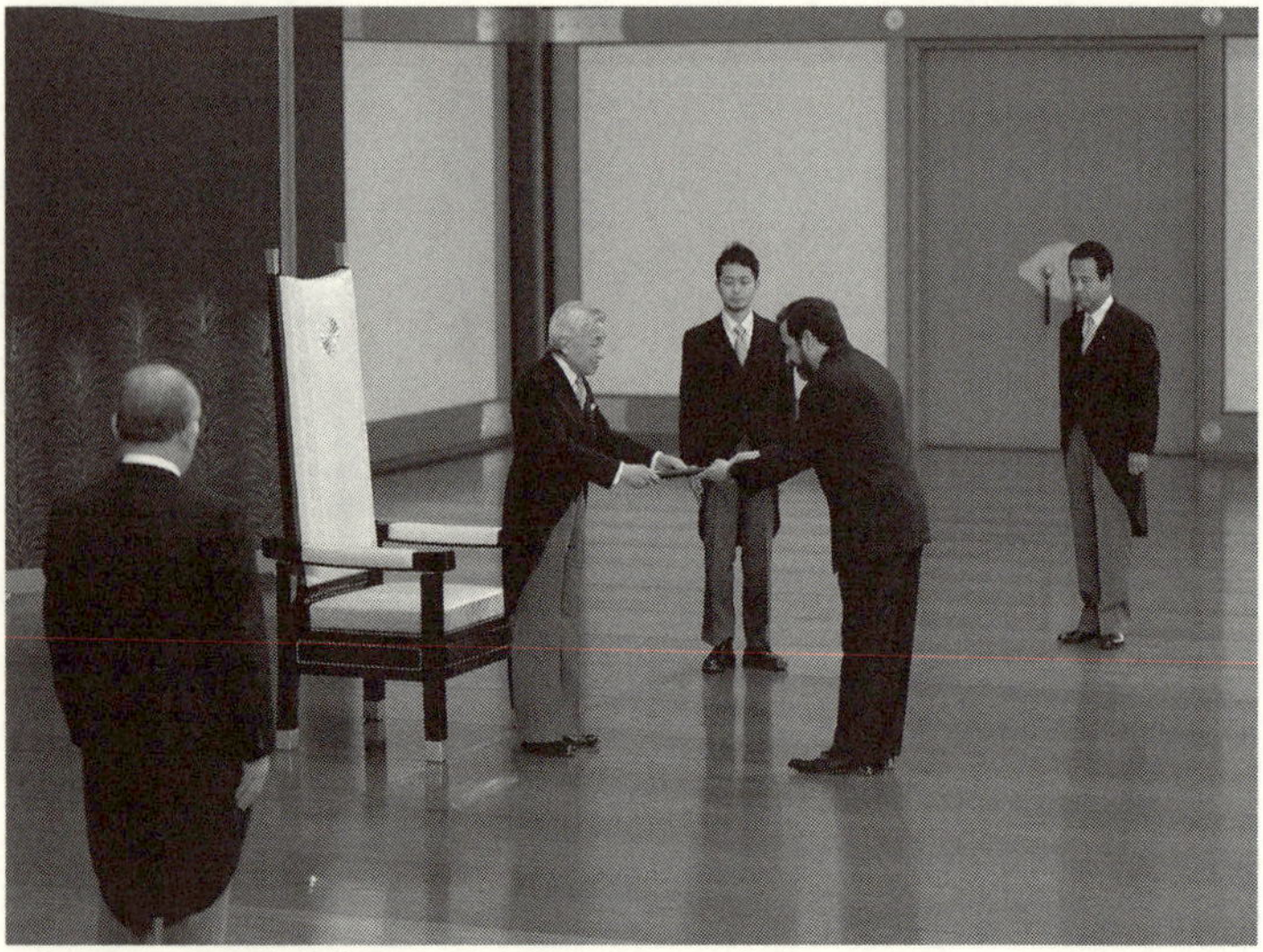

明仁天皇への信任状捧呈式（2008年3月11日）

二次世界大戦にて日本に勝利し、天皇を天界から、また神的地位から引きずりおろし、日本人の目に屈辱を与えたのである。

お辞儀はご勘弁を！

信任状捧呈式の一週間前、宮内庁の式部官をはじめとする儀典関係者が大使館に来館され、映像や写真、説明文により、天皇への謁見や信任状捧呈の際の手順や決まりについて説明を受けた。式の詳細に関しての微に入り細を穿った説明だった。

それはどの扉からどの方向へ向かい、どのタイミングで入り、どのように天皇の御前に着くか、どのように信任状を捧呈するかなどについてだった。広間の地図と動線が描かれた書類を渡された。天皇の広間（宮殿 松の間）に入る時には、最初に首を傾ける程度の小さなお辞儀をし、しかし陛下の前では深くお辞儀をしてくださいと。お辞儀とその角度には、日本ではそれ自体多くの語るべきことがあるようだ。私は、首を傾ける程度であれば問題ないが、お辞儀は勘弁してほしいと言った。

我々ムスリムは、唯一神の前でのみ両手を膝にあて、お辞儀をする。このお辞儀という行為はどのような人間に対してであれ、許されてはいないと。式部官はすぐに受け入れてくれ、「問題ありません、良きようになさってください」と言った。互いに主張しあったり、問答になったりすることはなかった。民族衣装をお召しになりますかと聞かれた。今着ているこのスタンドカラーのシャツ以外には特段民族衣装はありませんと答えた。その他こまごまと説明があり、特に天皇との会話の中での必要なこととして、天皇の前では、天皇が会話を始められるのであり、大使の方から話しかけてはならないとの注意もあった。

厳粛かつ簡素な信任状捧呈式

二〇〇八年三月一一日火曜日、信任状捧呈式のため、数人の大使館職員、駐在武官とともに、天皇のお住まいである皇居へと向かった。日本の外交儀礼では、捧呈式には大使の家族は参列しないことになっている。

最初に皇居の外のホテルのロビーで待機した。定刻通りに一行を皇居へ連れていく馬車と、馬に乗った何人かの皇宮護衛官が到着した。私と随行者たちは二台の馬車に分かれて乗車した。馬の蹄の音が石畳の街道に鳴り響く中、皇居までの数百メートルの道を進んだ。道中、また皇居の周辺には観光客もいて、この魅力的な馬車列を、観光客はカメラを手に取り写真に収めていた。式典は、天皇の栄光と栄華とを想起させる形で設定されていた。皇居宮殿と言っても、一八世紀のヨーロッパの煌びやかで絢爛豪華な宮殿を想像しないでほしい。日本の皇居は簡素だが美しい建造物だ。日本文化の本質に秘められている荘厳さとともにある簡素さ、そして静けさや落ち着きが感じられた。

皇居の入り口で、これまでと同じ詳細な説明が繰り返された。入り口からの動線の確認、捧呈の仕方、そして天皇がお話をされるまでこちらから話さないことなどである。また時間の制約についても注意があり、それにはこちらの話は短めにという意味が込められていた！

儀式が一つひとつ細かく進行し、私は広間に入り、動線通りに進んだ。数分後、日出づる国の第一二五代明仁天皇の御前に私は屹立していた。小柄で、背は比較的低く細身の体型で、モーニング・コートを身にまとった優しく穏やかな顔の老人だった。打ち合わせ通りにお辞儀はせず、しかし敬意を込めて少し頭を下げた。天皇の左側の少し離れた位置に、外務省イラン班外務事務官の角潤一氏が通訳として立っていた。氏はペルシャ語をよく習得し、流暢に話す人だった。角氏は私が何を話すかわかっていた。駐日大使として日本政府に着任した当初からの事務・行政手続きの中で、またアグレマン（相手国に求める事前承認）申請の中で、何度も私の職歴、関心事項、日本渡航歴等を一つひとつ細かく文書・口頭で確認しており、彼はその情報のすべてを文書にして持っていた。私がその後天皇に話すことになる一つの話題を除いては。

天皇は少しお話しをなされ、角氏が通訳した。天皇のお話しされる内容は、外務省が、さらにはおそらくこの角氏自身が作成した文章であることは明らかだった。天皇のお言葉に続き、私が少しお話しした。天皇は儀礼上の立場の人であり、公的かつ真剣な話のための場は与えられていない。天皇に前向きで良い感情を持ってもらえるような内容を話さなければならなかった。イランと日本の古くからの良好な関係、日本関連を中心とした自身の経歴、核交渉団メンバーとしての訪日などについてお話しした。実は私はそれよりも何年も前にプライベートで東京を訪れていた。一時日本に住んでいた親族の招待で、結婚したばかりの頃、一週間ほど家族と日本に滞在したことがあった。捧呈式の朝、大使館から皇居へ向かう道中、天皇に良い心情をもたらすであろうその旅行を、ハネムーンとして語ることが頭をよぎった。実際は私の第一子サイーデ・サーダートも連れていたのだが。この旅行のことは外務省には伝えてなかった。

天皇との会話の最後に、日本には良い思い出があり、それはハネムーンで訪れた時のことですと語った。天皇は非常に興味をもたれ、日本での良き思い出をお持ちのことを嬉しく思いますと語ってくれた。しかし角氏は混乱したようだった。式は無事に終わり、皇居を後にした。

日本人にサプライズは禁物

皇居を後にするやいなや、角氏は混乱し、不満ありありの様子で私に詰め寄った。「大使、ハネムーンの話をどうして前もって教えてくれなかったのですか？　これはとても大事な話題で、必ず謁見の前に天皇陛下にお伝えする必要があったのです。天皇陛下はなぜこれほど大事な話題を教えてくれなかったのですかと、我々外務省に抗議することでしょう」「角さん、それほど大事なことではないでしょう」彼は驚いて言った。「そんなことはありません、とても大事なことです！」

日本政府に新任大使としてアグレマンを申請した際、日本外務省から渡された用紙が興味深かった。そのフォーマットには、関心のある趣味の記入欄があった。記入する際、その欄はさほど重要ではないと思い空白にしておいた。しかし日本外務省は何度もフォローアップし、在京大使館に対し、記入するよう要請してきた。当時のタラーイ駐日大使は私に、「趣味の欄が空白のままだと、外務省は記入するまで折れません。大事で必要なことだから必ず記入するようにと言ってきます」と伝えられた。私は「では、散歩とサッカーと書いておいてください」と言った。式典後、角氏はこの用紙にハネムーンを書くべきだったのに、とつぶやいた。

これは日本人の独創性（国民性）の一例である。細かい事柄に対する几帳面さや綿密さ、さらに重要な点として、協議における事前の打ち合わせで提起されていない、また前例のない事柄が議題に上がることへの不快感があげられる。日本人は驚くこと、あるいはサプライズをまったく好まない。すべての事柄が事前に計画、調整されている必要があるのだ。要人との面談において、事前に知らされていない新しいテーマやトピックを提起しても、日本人はそれが良いものでもその場では答えず、「持ち帰り検討します」とだけ答える。時にはまったく答えず、聞かなかったことにする場合もある。「イラン人を決して脅してはならない」という有名な言葉があるが、同じ文脈で日本人の場合、「日本人に決してサプライズをしてはならない」と言わなければ！

事前準備は日本の職業倫理の必要不可欠な要素だ。日本人は、あらゆるテーマや出来事について何度も調整とレビュー、再考をし、突然の予測されていない事態を避けるため、全力を注入する。危機的状況が起こらないよう力を発揮する。頻繁に発生する自然災害に対しても、取り組みは予防的側面のものであり、準備、訓練、教育、啓蒙、そして救命救助のシナリオを想定する。あらゆる式典や行事においても、前もってすべて調整し、練習を繰り返す。

それゆえ、なんらかの理由でどうすべきかわからない状態や調整不足で問題が途中で発生した場合、あわてふためき、瞬時に対応することができない。この困惑は能力不足ゆえではなく、計画を立てることや事前の調整に慣れているがためである。計画や教育・訓練により、調整不足や予測されなかった問題発生の可能性をゼロ、あるいはゼロに近いところまで引き下げるのだ。もし想定外の事態が発生した場合、日本人にとっては危機的状況となり、いわゆる対応不能となる。

おそらく我々イラン人がギリギリのところ、九〇分の試合終了間際のところで力を発揮する国民であるのとは真逆なのだ。イラン人は危機的状況に置かれてはじめて頭が回転し始め、やっと問題を管理し解決する意欲が湧いてくる！　日本人はそうではない。

温かい交流

着任当初から、政府高官、政治家、ビジネスパーソン、文化人、そして日本社会のすべての人と、温かく幅広い交流を持つことを目指していた。おかげさまで様々な要素やツールも私の味方になってくれて、短い期間でこの目標を達成することができた。有力な要素に、外務次官兼核交渉団メンバーとしてのかつての訪日があげられる。三度にわたり日本側と面談、説明したこと、それは日本人に良い認識と感覚を与えてくれていた。

アラグチ——新しく久しい地（新久地）

私の姓の日本語表記もまた、日本の人々との温かい関係を築く上で大きな一助となった。東京に着くと、私の姓「アラーグチー」に非常に近い日本の姓「アラグチ」と「ハラグチ」があり、それぞれ意味があり、漢字を持つことを知った。

ヨーロッパの人々にとってアラグチという語の発音が難しかったのと反対に、私の運が良かったことに、「アラグチ」という単語は日本人には発音しやすい言葉だった。しかし最初の説明では、アラグチは、「アラ」と「グチ」の二つのパートから成り、好ましい意味ではないとのことだった。「アラ」は「荒い」あるいは「新しい」という意味で、「グチ」は「口」だと。アラグチに漢字を当てると、「粗口」「荒口」となり、良い形容詞ではない。

それから少し経ち、親しくなったある国会議員が夕食会に招待してくれ、一人の仏教の僧侶もその場に同席していた。僧侶は開明的で豊かな学識のある人だという印象だった。私の姓のアラグチの漢字が良い意味を持たないとの話になった。僧侶は話を聞くと立ち上がり、テーブルの周りを歩き始めた。数分経って、「見つけた！　見つけた！」と歓喜の声をあげた。アラグチという語に良い意味を持たせるためには、三つのパートが必要だ。「アラ」は新しいの「新」、「グ」は久しいの「久」、「チ」は大地の「地」で、組み合わせると「新久地」となった。日本の人々にとっても非常に美しく興味深い名前となり、かつ深い意味が込められていた。

僧侶は一連の説明をしてくれ、それに対し私は、「新しく久しい大地」とは、私にとっての日本のことだと答えた。私のこの解釈は、国会議員と僧侶を大変に元気づけ喜ばせるものであった。

アラグチ大使の名刺

私はこの「新久地」という名字を名刺に印刷したところ、政府関係者や政治家のみならず、日本の一般の人々との温かい交流を築く上で非常に役に立った。秘書が何度か日本の高官との面談のアポイントメントを取るために連絡し、先方に「アラグチ大使が面談を希望しています」と伝えると、先方は驚いて、「在イラン日本大使ですか、それとも在日イラン大使ですか？」と確認のため聞き返されることもあった。

これは、着任当初から面談の雰囲気を好ましいものにしてくれた小噺である。私の名字が日本の社会で交流を図る上でとても役に立ってくれたのである。着任の約一年後にモッタキ外務大臣が来日したが、私の日本での人気ぶりと築きあげた幅広い人脈を見て、「あなたがこの一年かけて達した地点に至るまでに、三年はかかると思っていたよ」と語っていたほどだ。

奏功するギフト

着任当初、日本の要人との温かい交流を築く上で効果的だったもう一つのツールは、贈呈品であり、表敬訪問の際に必ず持参していた。そのギフトとは、きらびやかな刺繍の入ったシルクの絨毯、ピスタチオ、あるいは手工芸品ではなく、ただの歴史的な地図のレプリカであった。

深く幅広い歴史知識と優れた感性を持ち合わせた、私のよき友人であり同僚であるアリー・ムージャーニ氏が、テヘランで私に対し、日本の要人との面談の際のギフトとして、歴史的にかつ外交上の価値のあるものを持っていった方が良いだろうと助言してくれた。この助言に基づいてサハーブ研究所所蔵のアジアの古い地図を、イランからのお土産として選んだ。この古い地図には、日本人が北方領土と呼ぶ、第二次世界大戦の末期にロシアが占領したクリル諸島が、日本本土の色で色付けされてあった。その地図を五〇部複製し、説明も添付した。

トップクラスの要人への挨拶回りと表敬訪問の際、期待していた以上に、北方領土をめぐる彼らの共鳴と共感を得ることができた。地図を手に取りじっと見た最初の要人は、興奮と歓喜の中で言った。「なんてことだ！　この諸島は日本本土と同じ色で塗られているではないか」。その興奮と歓喜とはまさに、外国人から古い歴史上の地図を渡され、そこに「ペルシャ湾」の名前が記されているのを目にした我々イラン人の心情と同じだった。

この地図を、日本の高官や政府関係者との面談の最後に贈呈すると、皆、北方領土が日本本土の色であることに欣喜雀躍していた。中には「この地図を私の執務室に飾り、ロシア大使が来訪するたびに大使に見せようと思う」と語る人もいた。

また、この地図のことを他の日本人から聞いて、地図をいただけますか、と聞いてきた高官も何人かいた。この歴史上の地図は、複製のために少額の費用がかかっただけだったが、非常に功を奏し、私と日本の高官との温かい交流のきっかけとなったのである。

接受国の高官への記念品は、彼らの気質に合った文化的、情緒的、政治的な意味あいを持つものであることが重要だ。それにより、交流の契機となり、功を奏することができる。イランの手工芸品も良い贈呈品だが、必ずしも心の琴線に触れるものではない。贈呈品は、受け取る側にとって文化的かつ政治的に深い意味あいを持ち、感動と良い感情をもたらさなければならない。贈呈される側の見方や立場、さらには機微に触れる感情に気を配る必要がある。

贈呈品は、こちら側の視点からのみの価値を押しつけることがあってはならない。仮に近隣諸国や域内諸国、さらには域外のアジアやヨーロッパ諸国で、アケメネス朝ペルシャ帝国の広大な領土が描かれた古代世界の地図を渡せば、無意識のうちにイランは領土拡張主義の国であると相手側の頭脳に刷り込んでしまうことになるだろう。

外交の世界のギフト交換の慣習と機微

外交の世界において記念品贈呈は、別な意味で繊細な側面がある。記念品の価値が平均より高いものや、複数の関係者が出席する公式の場で贈呈するのは効果的ではない。特に執務室や職場においては。なぜなら大多数の国において、記念品の価格が一定の値段より高い場合、受け取る側は、それを所有することができない。このセンシティブな点も正確に認識し、その国における贈呈の慣例や規則を守る必要がある。

日本人には好ましい倫理道徳があり、ある高官が他国の高官から記念品を受け取り、その後その同じ国から別の高官が面談に訪れた場合、以前の記念品を、よく鑑賞できる形で面談の部屋に置き、賓客の目に留まるようにする。私自身多くの面談で、この気配りを目にしてきた。外務大臣への最初の表敬訪問の際には、部屋の角の三脚の上にペルシャ絨毯が飾られていた。もちろんイランのどの要人がこの絨毯を贈呈したかは知らない。いくつかの会談では、部屋中に飾られていた、あるいは壁に掲げられていたイランの壺や花瓶、絵画等の多さにすっかり魅せられた。その部屋にある記念品のすべてがイランのものであると思われた。

おそらく、それぞれの来訪者に応じて、面談ごとに記念品を入れ替え、来訪者の国の記念品を、よく見える形で並べ直していたのだろう。これにはある意味で相手への感謝とお礼の気持ちも込められている。

日本の要人との何度かの会談では、まさに部屋に並べられていた記念品に目が留まり、ミーナーカーリー（エナメル細工の皿や壺）などすべてイラン人からの贈呈品をその部屋に置いていることを悟った。最初の挨拶回りをひと通り終えた後の二回目の面談では、ピスタチオ、ギャズ（イランの菓子）、サフラン、そしてイランから取り寄せたザクロなどの季節の果物を渡した方が、手工芸品より相手の心を捉えるだろうという考えに至った。食べ物の良い点は、自宅に持ち帰って家族と一緒に食べることができる点だ。

日本人は通常、小さなギフトを交換する。贈呈には慣例がある。それは包装の見た目の美しさであり、時にはギフトそのものよりも大切な場合もある。ギフトを綺麗に美しく包装することは日本ではとても大事なことだ。デパートなどでは、ギフトそのものの何倍もの量の包装用の品々を目にする。果物でさえ、きちんと美しく包装し、大切な人に贈呈するのだ。

ある時、いつもとは違う大きく、そして非常に美しく包装されたギフトを受け取った。開けてみるとメロンが一個入っていた！　イランでは、宝石であっても、そのメロンと同じくらい丁寧にラッピングすることはないと思う！　さらに興味深いことに、メロンの生産者、生産方法、さらには食べ方についての分厚いパンフレットまで入っていたのだ！

共通点を見つけること：外交官としての成功の秘密

接受国との外交官の親交の接点と共通点を見いだす運は、時に自然ともたらされる。ちょうど、私の姓が日本人とのより親交の大きな要素となったようにだ。時には意識し主体的にそれを見つけ、作りだす必要がある。外交官は、いかなる形であれ、接受国・現地の文化との結節点や共通点を見いださなければならない。それがない場合には、自ら作りだす必要がある。この共通点は、接受国の政府ならびに国民との架け橋の役割を果たすだろう。

菊花紋章

日本に着任した当初、私が注目した文化的共通点の一例に、日本の国会議員が胸につけている議員記章（議員バッジ）とペルセポリスの壁面のハスのレリーフとの類似性があげられる。日本では国会議員全員が公務の際には必ず議員バッジを胸につける。このバッジには「十一菊」の図案が使用されている。議院内閣制ゆえ、議員である総理大臣や各閣僚もまたバッジをつけている。

この十一菊の菊花紋章は、一二枚の花びらのハスと非常に似ている。ハスの花は、古代アケメネス朝ペルシャ帝国の象徴として、ペルセポリスのみならず、多くの宮殿や貴族の建造物の装飾に数多く見受けられる。何人かの国会議員にもペルセポリスの壁画写真を見せながら説明した。

古代ペルシャから伝来した可能性があるという話に、日本の議員は嬉しそうな様子だった。明治政府からイランへ派遣された吉田正春もまた、その回顧録で類似性について記している。アジアの東と西に位置する日本とイランが、それぞれの国の象徴として似通った模様の花を使用していることは謎である。

第一印象の大切さ

好ましく適した印象・イメージ構築のためには、心理学の重要な原則、「第一印象」が非常に重要である。その重要性については、「常に第一印象が最後の印象であり見方である」との言葉があるほどだ。初めて人と会って、初対面で良い感情があれば、その感情はずっと心に残る。また反対に、初対面で好ましくない感情が生じたら、相手がたまたまくたびれていたり、見た目が好ましくなかったとしても、そのネガティブな感情はやはりずっと心に残るだろう。第一印象は最初の九〇秒で形成され、その後変えることは難しいとも言われる。外交官の職にある者は、他者が抱く印象は初対面での風貌、雰囲気で形成され、言葉や行動ではないことに留意する必要がある。

日本人にとって、外見や身なりは非常に重要である。細かい点への几帳面さや繊細さを持って、相手の服装や頭髪、状態を注視する。日本人は相手の身なりから、言動の落ち着きや礼節に至るまで注意深くじっと見ている。したがって、日本人との初対面の際には、あらゆることを完壁に計算した上で面談を行わなければならない。

交渉相手との共通の言葉：外交における一般のルール

交渉相手との同じ言葉に最も短い時間で達し着地点を見いだすことは、外交における基本法則であり、非常に重要である。この法則は、日本人に関しては、その独自の創造性に照らし、一層大きく効果を上げる。麻生氏に関してはこの法則が功を奏した。

外務次官として訪日した三度目の面談の冒頭、前述したように氏は次の予定へと大変急いでいた。氏は「このあと私自身の選挙区で予定があるため空港へ向かわなければならない」と言った。日本の統治・政治体制は、議院内閣制であり、閣僚の多くが国会議員から構成され、議員は自らの選挙区の有権者に対する忠誠と責任を負っている。私は急いで部屋を後にする麻生氏に、心を込めて「大臣の選挙での勝利を祈っています！」と述べた。

すると氏の表情がパッと明るくなり、破顔一笑した。麻生氏は嬉しさのあまり足踏みをし、次に手をさっと出し、友情の証として握手をしてくれた。まさにこのことが結節点あるいは良い出発点となり、その後の在任中、任務遂行の上で大きな力を発揮してくれた。後から聞いた話だが、麻生氏は側近に対し、私のことをプロフェッショナルな外交官の模範として語ってくれていたようだ。

交渉相手との共通の言葉の原則を用いるためには、短期間に相手側と結節点を設けることのできる事柄を追求する必要がある。交渉相手の置かれている状況や接受国の文化に留意する必要がある。外交官の振る舞いは非常に重要だ。日本人は一般的に穏やかで落ち着いた人に見え、そのため自然と温厚で物腰の柔らかい人を好む。このような気質の人々は日本人と親交を結ぶことがたやすい。

日本人はまた、内省的で保守的なところがあり、いわゆる氷が溶け、温かい関係を築くまで時間がかかる。この困難さは仕事の第一歩にすぎない。しかし私の経験から言えば、一度氷解に成功すると、温かく友好的な関係が築かれ、それは永続的なものとなる。日本人との人間関係は、当初想像していたより短期間で広範に構築することができたのである。

外交官の仕事の本質に秘められたネットワーク構築

接受国の政府関係者や政治家との温かく友好的な関係は、幅広いネットワークに帰結する。これはネットワーク構築と呼ばれる。ネットワーク構築は、外交と切り離せない部分を成し、外交の本質に秘められたものである。ネットワーク構築においては、一人との交流が何人もの人との交流に結びつき、ネットワークは累進的に広がっていく。その後、取捨選択し、人々を様々なレベルに位置づけ、その一人一人と階級や社会的地位に応じた関係を構築しなければならない。

外交官は接受国の特徴や制約を知り、守る必要がある。大使、あるいはいかなる外交官も、接受国の政府関係者、有力者、民間セクターの重要人物、文化人などとの多方面にわたる関係とネットワークを構築する能力が求められる。それにより、ハーフェズの言葉を借りれば、「深く大きな根っこで友情の木を植える」ことができるのだ。政治・経済・文化等、あらゆる分野での関係構築が必要である。

ネットワークにおいては、人々の置かれた社会的位置や重要性は当然異なる。このネットワークは、決してある人から別の人へと伝授できるものではない。それぞれの外交官が自ら独自のネットワークを構築する必要がある。前任者の経験や人間関係は役に立つこともあろう。しかし新任の外交官は、人々との人間関係を一から改めて構築しなければならない。これは、外交官の本質的責務であり、大使であろうと、大使館の各部署の外交官であろうと変わりはない。

外交レセプション開催の主な目的の一つに、このネットワーク構築があげられる。接受国と各国外交官は、各分野の人々とのネットワーク構築、人間関係を求めている。まさにこの外交レセプションにおいて様々な人と出会う。雑談をしたり、名刺交換をしたりする。国際会議やセミナーもまた、その専門的な議論の場に加え、このネットワーク構築が参加目的の一つと見なされる。もしかしたら、会議の最中には可能でないことも、コーヒーブレイクや休憩の時間に行うことができるかもしれない。

日本でのネットワーク構築は、諸外国に比べ何倍もの重要性がある。なぜなら、日本社会は経済やビジネスが基幹をなす社会だからだ。経済界でのネットワーク構築とそのツールは、外交世界のそれより重要度は高い。日本人がネットワーク構築において大事なツールとして、非常に大事にしている慣習の一つに、名刺交換がある。日本では、名刺交換は諸外国以上に重要なのだ。最初の面談においてすぐさま互いの名刺を受け取る。日本人は自らの名刺を、敬意を込めて両手を添えて相手に差し出す。その際、必ず相手への敬意を込めて、お辞儀をする。相手側にも同様の振る舞いを期待している。四年近くの在任中、おそらく外務省に入省して以来使ったのと同量の名刺を交換したと思う！

ネットワーク構築の手段

関係構築には多くの道筋や方法があり、その習得には教育研修課程や多くの修練がある。人との最初の出会いが第一歩となる。表敬訪問の目的は、関係構築を始めることのみにある。外交官は、人と面会し面談を総括した後、その後の意思疎通や連携、より多くの成果が期待されるプランを検討しなければならない。

相手側に要請や嘆願をする前に人間関係や友好を築くことは、重要な原則である。外交官は、接受国の政府関係者に対し要求や要請を伝え、事態の打開を求める前の段階で、友好関係を築いておく必要がある。これは、当時のヨーロッパ・アメリカ担当事務次官サルマディ氏が、私が若くしてフィンランド大使として赴任する際に教えてくれたことだ。着任前の挨拶に次官のところに行った時、彼は私に言った。「接受国のどの高官であっても、こちらが必要としている時には要求に応えてはくれない。もしあなたが助力を必要としている時に会いに行く場合、以前から、そして力添えを必要としていない時から人間関係を築いている人だけが、本当に必要な時に応えてくれ、骨を折ってくれる。こちらが困っている時に助力を求めても、何もしてくれないか、大きな代償を伴うかのいずれかになるだろう」

実際、フィンランドでの着任当初、このことを経験した。ある外交レセプションで、フィンランドの赤十字社社長と出会った。挨拶をし自己紹介をした。二、三週間後の個別面談を依頼し、記念品も持って会いに行った。我々は互いのことについて深く知りあうことができ、また彼はフィンランドの赤十字社について説明し、面談は終わった。その後彼の名前を、革命記念日(ナショナルデー)レセプションの招待客リストに追加した。これが私の手法・やり方だ。政府関係者、政治家、財界人やビジネスパーソン、そして基本的に重要人物と会った場合、誰であれ、その名前をナショナルデーレセプションの招待客リストに追加していた。

それから月日が経ち、イラン北部で中規模の地震が発生し、建物が損壊した。ここで、フィンランドの赤十字社社長との人間関係が役に立った。社長に電話し、救援救助活動への支援を求めた。彼は可能な限りあらゆる努力をすると約束してくれた。それからしばらくして、赤十字社の事務所から連絡があり、フィンランドの赤十字社が五万ドルをイランの赤新月社に寄付すると伝えられた。私はその時、「一つの平凡な出会いが、困っている時にどれほど大きな力添えとなってくれるか」ということを考えていた。要請を伝えるのに面談の必要もなく、一本の電話で事が進んだ。もし社長との初対面の日、彼のことを重視していなければ、またその後面談に行っていなければ、また一つの記念品で友情を結んでいなければ、決して私の要請がこんなにスムーズに受け入れられることはなかっただろう。

外交レセプションの一番の目的は、様々な人と出会うことそれ自体、そして最新のニュースや動向を得るための非公式な話をすることにある。外交レセプションやフォーラムの機会を逃してはならない。内輪話や内部の部下との話だけに時間を費やしてはならないのだ。

接受国政府に対する絶え間ない情報提供

ネットワーク構築におけるもう一つの重要な点は、接受国の政府関係者等に対する絶え間ない情報提供という「栄養補給」である。この点は、特に日本において非常に効果を上げた。

この外交努力は当然私自身も行い、また部下に対しても、政府や民間セクター内での交流や、接点のある関係者やカウンターパートと継続的に面談するよう求めた。安全上の注意事項を守り、儀礼上の留意点と大使館の威信を考慮した上で、相手側の職場へ出向くか、来館してもらう、あるいはカフェやレストランで面会するよう指示していた。

この目的のために、部下の参事官や書記官が大使公邸で会食を主催する許可も与え、大使公邸の施設とシェフも彼ら、彼女らに提供した。カウンターパートや有為な人物と人間関係を築き、本国の政治的立場や経済・貿易の機会を説明することは外交官としての責務であると、私は何度も説いた。接受国でイランと何らかの形で関わりのある人々に対し、継続的に情報の「栄養補給」をすることは非常に大切なことだ。

さらには、面談の場で資料を用いた説明やプレゼンを提示できれば、口述のみの報告に比べより効果が上がる。日本人は、聴覚による理解より、視覚による理解の方が優れている。視覚に訴えるプレゼンにより、内容をより正確かつ効果的に伝えることができる。

日本の政府要人や政治家との幅広い交流

東京着任当初から交流の範囲を外務省やその他一つか二つの省庁、あるいは何人かの政府関係者や政治家に限定せず、努めてより幅広い団体や個人との交流を持つことを心がけた。政府関係者、政治家、企業の幹部、財界人、芸術家や文学者、大学関係者や研究者、そしてメディア関係者をはじめ、世論形成に大きな影響力のある人々と幅広い交流を持つように努めた。

日本人はネットワーク構築を、プロフェッショナルに、かつ慎重かつ独自の正確性を持って行っている。多くの面談において記念撮影を好む。写真を撮るのは趣味としてではなく、記録に残すためである。写真やすべての記録を保存し、あらゆる出来事の詳述とともにアーカイブに残す。微細な事柄も重要なのだ。外国の首脳会談では、晩餐会の食事メニューでさえも記録に残し、三〇年前のどこそこの国の大統領来日の際の晩餐会のメニューはと聞かれれば、すぐに答えることができた。日本人は次の段階の関係を、このような記録に依拠した上で構築し、拡大していく。

例えば、ある政府高官が職を辞する時、その在任時期に面談したすべての関係者に挨拶状を書く。受け取る側に対し、退任することになったこと、さらには日付も添えて、面談した際の良き思い出やお世話になったことなどを記す。これは日本社会に普及している手法・しきたりであり、日本人のプロフェッショナルな慣習である。大使館の日本人秘書もまた、このやり方に沿って仕事をしていた。秘書はそれまでの経験や教えに基づき、あらゆる記録を残していた。

この日本人の手法に対して、明白な原則をきちんと守る必要がある。タイミングを遅らせることなくすぐに返信するという礼節・礼儀だ。今日では当たり前に思われるこのような記録・アーカイブ作成における真剣さもまた、日本の発展の秘密の一つだと思われる。将来のために出来事の記録を残すことは、七世紀か八世紀頃に中国人から学び、模範としていたと言われる。

国会議員との交流

ネットワーク構築において、国会議員との交流は特に重要だ。日本の国会の前身である帝国議会は、明治時代の一八九〇年に開設され、一九四七年から現在の形態になっている。最高の立法機関であり、二院制である。国会議員の多くが外交官との交流に関心があり、各国大使館との交流に前向きであった。大使館に招待されることは、彼らにとって名誉なことであり、自らの威信や名声を示すものである。安全上、政治上の懸念も一般的にはない。もちろん国会議員は外務省に通知することなく、また外務省からのレクチャーを受けることなく、各国大使と会うことはほ

横路孝弘衆議院議長への表敬（2009年10月23日、衆議院議長公邸）

ぼない。

国会議員との交流に多くの時間とエネルギーを費やす必要があることは、当初からわかっていた。私の考えでは、国会議員はいくつかのグループに分類される。認知度の低い普通の議員、重要で著名な議員、党幹部で一級の議員等である。各グループの議員と役職や地位に応じて意思疎通を図り交流した。

二〇〇九年には、両国の外交関係樹立八〇周年を記念し、八〇人の国会議員と会うことを決め、実行に移した！　日本外務省は閉口していた。なぜなら、私が面談・表敬訪問をリクエストした各議員に対し、説明資料を用意し、事前に議員事務所へ赴き、議員に最新の二国間関係やその他の事項を完璧にレクチャーする必要があるからだ。面談した議員のうちの何人かとは幅広い交流を持ち、重要な局面において事態打開に尽力してくれた。しかし事態打開や問題解決への寄与を期待していなかった議員とも交流は続けた。

本国からの要人来日記念の式典や革命記念日のレセプション等に招待すると、ほとんどの議員が出席してくれ、大使館の式典に荘厳さと威光を与えてくれた。胸につけた菊の御紋の議員バッジは、他の招待客が彼らを国会議員だと認識する良い印だった。日本の同盟国であるアメリカの制裁下にあるイランのナショナルデー・レセプションに、これほど多くの国会議員が出席するのかと、他国の外交官は驚いた様子であった。ほぼ、すべての歴代総理（小泉、中曽根、安倍、福田、森の各氏）と、表敬訪問した国会議員が出席してくれた。

ネットワーク構築は政治や経済の分野のみならず、文化の分野でも精力的に進めた。芸術家、作家、イラン専門家などである。彼らもまた必要な時に、事態の打開に尽力してくれた。例えば、イランの古式体操であるズールハーネの一団が来日した際には、続けていた交流のおかげで、素晴らしいスポーツホールを借りることができ、一団の実演を誇り高く盛大に、いくつかの大ホールで開催することができたのである。

イランでの日本人学生誘拐事件

私の駐日大使としての任務開始は、イラン南東部のバム付近で発生した日本人学生誘拐事件に両国が取り組んでいた時期と重なった。学生のNさん（二三歳）は、私の着任数カ月前に、観光旅行でパキスタンから陸路でイランに入国していた。バムの周辺を散策していた二〇〇七年一〇月七日、武装グループに拘束され、アフガニスタンとパキスタン国境付近へと連れ去られた。その一帯は、警察や治安部隊、情報関係者の管理の及ばない所で、解放はほぼ不可能であると思われた。

東京へ赴く前、日本政府は拘束事件の早期解決へ向け、国会議員の小野寺五典外務副大臣をイランへ派遣していた。副大臣は毎回のイラン訪問の際、五〇人以上の報道関係者を引き連れていた。イラン側の関係者は、副大臣とともに面会室になだれ込む同行記者とカメラマンの洪水に恐れおののいていた。また副大臣をはじめ日本側は、人質に取られた日本人の生命と健康が維持され、無事が確認されるよう、常にイラン側に求めていた。

事件が未解決の状況下で、私の日本での任務が始まった。最初の四、五カ月の最重要の仕事は、大学生の状況をフォローアップし、早期解放に取り組むことであった。事件はメディアでも取り上げられおおやけになっており、日本人は正確かつセンシティブさを持ってニュースをフォローしていた。彼の無事と健康の維持は我々にとっても重要であるので、慎重に情報収集等に当たっているとイラン側は答えた。

最終的には、情報省の尽力、さらには私見では現地の部族の長老との連絡・連携により事態打開が図られ、N氏は同時に誘拐されていたイスラム聖職者とともに、二〇〇八年六月一五日、解放された。事件発生から八カ月以上の月日が経っていた。

学生と父親が謝罪にイラン大使館へ

学生が解放され日本に帰国後しばらくして、面会依頼の連絡があった。面談の時間が調整された。面談の日、予定時刻の一〇分前に大使室職員が笑みをたたえて執務室に入ってきて言った。「大使！　失礼します。当学生が父親と二人で来訪し、大使館正面玄関から入るなり、受付の職員、運転手、秘書、職員皆にお辞儀をしながら面談室へ向かっています」ミーティングルームに入ると、N氏親子は立ち上がり、私に向かって九〇度の角度で深々と長い時間お辞儀をした。来館の目的は、感謝の意を伝えるのみならず、お詫びと謝罪の意を伝えるためでもあった。深々とお辞儀をしたのもそのためだった。日本では敬意を表するためのお辞儀、謝罪のお辞儀など、目的により角度が異なる。

N氏親子は駐日イラン大使に対し、いったい何を謝罪したのか？　息子がイラン政府と国民に迷惑をかけたことに対してであった！　親子はその数分間の面談で何度も詫び、面談は終わった。それより前に、子息のN氏は解放後、テヘランと東京での会見やインタビューで、日本とイランの両政府に多大な迷惑をかけたことが大変申し訳なかった、と何度も語っていた。

誘拐事件に対する日本政府の対応

N氏は東京へ帰国すると、外務省も訪問していた。あるいは外務省から呼ばれて訪問したのかもしれない。外務省のイラン班担当官は、その面談では気づかうことはなかった。「このような不注意な行動で日本国民に迷惑をかけ、代償を負わせるようなことをしたのかと氏を叱責した」と語っていた。その面談の席上、在日本イラン大使館を訪問し、改めて正式に大使館を通してイラン国民と政府に対し謝罪するよう、指導していた。

日本政府関係者もまた、何度も「イラン国民ならびに政府にご迷惑をおかけしお詫びする、遺憾に思う」と表明した。大使館訪問後、N氏による一連の謝罪とお詫び表明は終了した。その後、新聞が彼の発言を記事にしたり記者会見を開いたり、氏の映像や映画を制作するといったことは見聞きしなくなった。

この事案で私が見たものは、西側で同様の事案が発生した場合とは正反対のものだった。西側メディアがこのような事例の際に騒ぎ立てるのと異なり、日本のマスメディアは、「政府は拘束された邦人の無事解放・帰還に成功した」とだけ報道した。このようなケースでは、西側諸国ではヒーローとして囃したて、最後にはヒーローの関係者が虚実織り交ぜ回顧録を著わし、自らと自国政府にスーパーマンを生みだす。日本ではそのようなことは起こらなかった。

日本における謝罪文化

N氏の事案は様々な観点から、日本人の倫理観・道徳観の要素を提示している。それは、集団主義、すなわち個人の利益に対する集団の利益の優位性、そして謝罪の文化的土壌だ。

謝罪は、日本人の道徳の根本的原則の一つである。その基盤・土台には、まさに集団主義の原則がある。間違いを犯し、他者や集団に害をもたらした人は謝罪しなければならない。その過ちが大きければ大きいほど、それだけ深い謝罪が求められる。日本人の世界観と文化における恥とは、他者や集団に対して害をもたらすことなのである。誰であれ、いつどこであれ、他者の権利を守り留意することが第一の責務である。他者に代償を負わせたり、害したりする者は必ず謝罪しなければならない。

かつては、謝罪の程度次第で、自殺に至ることさえあった。過ちと謝罪のための自殺は、日本の「文化遺産」とも言える。謝罪表明を意図した自殺の慣習はもはや存在しない、あるいは終息に向かっているとはいえ、過ちを犯した際のお詫びの気持ちと表明は日本では今も非常に色濃く見受けられる。謝罪の意は、集団あるいは人々に対して表明するものであり、自ら心に刻む、あるいは呟くものではないのだ。

日本の経営者や責任者、幹部が自らの過失や手抜かりのために記者会見の会場に出てきて、テレビカメラに向かい、それぞれ様々な角度で長い時間お辞儀をし、謝罪するニュースを時折目にする。神戸市水道局の職員が弁当注文のため三分離席したゆえ上司が謝罪したケースから、エアバッグの破損事故により死傷者を出したタカタ会長の謝罪に至るまで実に多く見られる。しかも謝罪やお辞儀では終わらず、損害賠償、辞任や解任、あるいは減給を強いられる場合もある。

東日本大震災に関し、首都圏でなく東北で良かったと発言した復興大臣は辞任し、取材陣に向かって深々とお辞儀をした。

これらは日本人の世界観における強い羞恥心を物語っている。

日本式の謝罪、イラン人受刑者も

日本人は、謝罪とお詫び表明のしきたりを、日本国籍以外の受刑者にも課していた。イラン人受刑者の処遇をこの目で確認するため、日本国内の刑務所を訪問した際に——後の章で詳述するが——刑務官は独房に案内してくれた。

ある独房は私が見学した時には受刑者はいなかったが、その部屋にあった紙切れからイラン人受刑者が収容されている独房であることがわかった。壁に貼ってある紙切れに目が留まった。ペルシャ語の手書きで、何十回も書いたと思われる文であった。厳しい教師が怠け者の生徒に課した口述筆記のようだった。「私は自ら犯した過ちを反省し、お詫びします」と、ペルシャ語で何十回も書いてあったのだ。刑務官がこの受刑者に対し、この文を何度も繰り返し自らに言い聞かせるよう、命じたようだった。

反省のルール：過ちを受け入れよ！

N氏の拘束事件からイラン人受刑者の事例に至るまで、これらは日本の謝罪文化の表象である。謝罪文化は、日本人の「反省」という信条に基づいている。反省は日本文化を理解する上で重要な概念の一つで、その字義通りの意味は、「他者への配慮」と同義だ。

人は自らその過ちを認め、責任を取り、償う努力をしなければならない。反省は四つの段階に分けられる。問題の把握、責任受容、情緒的思い入れ、そして変化へのコミットメントだ。すなわち、生じた問題と過失を認め、その行為が間違いであり、団体や国、国民に迷惑をかけたことを受け入れなければならない。さらに重要な段階として、自身には過失はなかった、あるいは被害者だと考えるのではなく、自己批判することだ。最後に変化・改善に自ら責任を負う。

集団主義

N氏親子は、誰かに強制されてではなく、自らの信念に基づき行動に出た。その信念とは、集団の尊重、すなわち日本社会の文化の根源的要素である、個人の利益より集団の利益を優先させることだ。集団への忠誠、集団行動、集団に従うことは、日本人の道徳や文化の根本的な礎である。もちろん、それにより個々人はマイナスの影響を被ることもある。

集団主義については興味深い小噺がある。もちろん日本人から小噺やジョークを聞くことは珍しいことだ。日本人のユーモアは、イラン人のそれとは異なる。

ある時、ペルシャ文学の博士号を取得した、真の意味で熟練した大使館通訳の稲見誉弘氏に、日本のジョークを一つ教えてと聞いた。氏は少し考え、「日本人はジョークを言いません！」と言った。氏は再び考え、一つだけ小噺をお話ししましょうと語り始めた。「ある旅客船に様々な国籍の客が乗船していた。突然、子供が海に落ちてしまった。船長は、海に飛び込んで溺れている子供を救うよう、誰かを説得しようとした。アメリカ人には、『今、海に飛び込めば、英雄になれますよ！』。ドイツ人には、『海に飛び込み、子供の命を救うことが法律で決まっています！』。日本人には、『見てください、皆、海に飛び込もうとしていますよ！』」

このジョークは、集団に従う日本人の精神性をうまく伝えている。イランのコムの神学校で学び、イラン文化にも精通している日本人のシーア派聖職者であるイブラヒーム澤田氏は、イランの諺「恥をかきたくなければ集団と同色になれ」が、日本人の行動様式を正確に表現していると語っていた。

第四章　日本での任務環境と外交の雰囲気

政治と統治

東京での外交官としての職務環境について語る前に、日本の政治と統治のあり方について少し触れておく必要がある。日本の議院制度は西側諸国にそのモデルがあるが、明白なこととして、日本の独創性や文化が政治に反映され、独自の色付けや脚色がされている。前述した通り、東洋の心、西洋の思考、日本人の道徳観は日本社会の基本的特徴であり、政治や統治様式にも影響を及ぼしている。この三つの特質が日本の政治と統治についてより深く理解する上で役立つものだ。

当然ながら、世界各国は常により強力な国づくり、言い換えれば国力の強化を目指している。各国は国力をそれぞれに定義し、国力強靱化へ向けてそれぞれの道を歩んでいる。中には先の大戦の終戦前の日本のように、軍事力の強化を最優先させ軍国主義路線を進む国もある。また経済力を優先する国、言説（ディスクール）の力や理想主義的な国を目指している国もあれば、文化的影響力の拡大や科学技術力の向上を優先する国もある。そして多くの国が、これらの複数の力の組み合わせを追求している。その点、現在の日本は富と、富によってもたらされる力を追求し、他の要素ではなく、富によって得られる国力強化を優先している。

この立場とアプローチは、日本の発展と近代化の理論基盤に依っており、二〇世紀、とりわけ第二次世界大戦後の日本の政治的・社会的変遷に結実した。終戦後の日本の状況は、この立場と姿勢の深化と強化に資することとなった。

政権の中心的責務である富の生産

政権と統治の第一の責務は富の生産であるとする立場は、一九世紀後半、すなわち江戸末期から明治維新にかけて強くなった。それは日本の改革と近代化、さらには再生の時代であった。この時代に、日本の発展と近代化の理論基盤は、統治の第一の責務は富の生産（殖産興業）であるとの方向へと進化した。富国強兵、すなわちハードパワーのスローガンのもと、富の生産が推し進められた。この理論の一部は、日本の偉大な思想家であり理論家である福沢諭吉（一八三五―一九〇一）の思想による。

福沢は、経済の目的は、国全体の富を増やすべく、費用に対し富を蓄積することにあると考えた。富の蓄積と費用負担を均衡と調和の取れた形で行うことのできる国を、豊かな国と定義した。福沢は慶應義塾大学の創立者でもあり、同大学は現在の日本の最も重要な学術機関の一つである。福沢の肖像画は、日本の最高額の紙幣である一万円札に印刷されており、福沢の思想が日本の発展にどれほど影響を与えたかがうかがい知れる。

特筆すべきことに、日本では天皇や皇室一族、政界の偉人等の肖像画は紙幣に印刷されない。一九八六年以降、皇族の肖像画の紙幣印刷は終了し、代わりに思想家や作家、教育者、さらには学問や芸術の先駆者の顔が紙幣に描かれている。千円札には細菌学者で黄熱病の病原体の発見で有名な野口英世、五千円札には明治時代の著名な小説家の樋口一葉、一万円札には福沢諭吉の顔がそれぞれ印刷されている。日本では約二〇年ごとに紙幣の顔を変える。（二〇二四年七月、新紙幣が発行された。）

日本の軍国主義

軍国主義、すなわち軍事力が政治と社会の支柱となり国を支配した、天皇を戴いた日本の帝国主義には長い歴史がある。しかし発展と近代化へと進んだ一九世紀の改革と近代化の時代には、経済と富の生産の志向性が軍国主義と軍思想を支配し、日本は議会制民主主義の時代へと向かった。「大正デモクラシー」の時代として有名である。しかし大正デモクラシーはそれほど根付かなかった。

一九三〇年代の経済危機の際、日本はヨーロッパのいくつかの国と同様、経済不況を打開するため、軍国主義の道を選んだ。この道は第二次世界大戦へと帰結した。この年月、日本の指導者、とりわけ一九三一年に陸軍大臣に任命された、日本の近代軍国主義の重要な理論家とされる荒木貞夫司令官のような軍の高官や幹部は、日本は帝国主義へと向かうか、あるいは資源がないため自国と自国民の滅亡を待つしかない、と考えるようになった。

日本は一九三一年、東アジアへの拡張主義政策を中国・満州攻撃によって開始し（満州事変）、一九四二年前半までに中国の一部、香港、フィリピン、インドネシア（当時のオランダ領東インド）、シンガポール、ビルマ……を支配下に置いた。

日本は一九四〇年、ナチスドイツ、イタリアと日独伊三国同盟を結び、「連合国」に対峙する「枢軸軍事同盟」に加わった。一九四一年一二月、日本はアメリカの艦隊拠点パールハーバー（真珠湾）を攻撃し、アメリカも日本に対し宣戦布告した。一九四二年六月、アメリカ海軍はミッドウェー海戦で有名な軍事作戦で日本の艦隊に大きな損害を与え、以降、日本軍の敗北と後退が段階的に始まった。最終的には八月六日と九日の広島と長崎への原爆投下により、すでに多くの占領地を失っていた日本は降伏した。

敗戦の最も重大な結末は、軍国主義のもと占領を推し進めた日本が、軍と核兵器を保持する権利をアメリカに委ね、アメリカの東アジア安全保障の傘下に入らざるを得なくなったことだ。第二次世界大戦大敗後の日本の状況は、再び統治の第一の義務としての「富の生産」戦略を、国家の支配的な戦略へと転換させ、強化することとなった。アメリカの安全保障の傘下に入ることで、日本は戦後、莫大な軍事・安全保障予算から解放され、自国の資源や資産を、富の生産にのみ費やすこととなった。

政治と経済の密接な関係

実証主義的存在論に依拠する体制では、政権の第一の義務が富の生産であるため、政治体制と経済貿易が密接に結びつくのは明白である。もちろん、今日の世界では政治と経済貿易の不可分の関係性は一般的であり、必要不可欠なことでもある。しかしこの特質は、日本ではよりくっきりと見受けられる。政治と経済は、シルク絨毯の縦糸と横糸のようにしっかりと結びついており、この不可分の関係の礎は、日本の発展と近代化の理論的基盤に求めることができる。それはまさに、統治の第一の義務は、富の生産だとするアプローチである。前近代とは異なり、この見方ではビジネスパーソンは高い影響力のある地位にある。

当時の階級社会構造では、農業従事者・農民が上で、工・商人は下の階級にあった。日本に深く浸透した孔子思想もまた、この階級制を強調している。しかし発展と近代化に影響を与えた思想家・福沢諭吉の考えでは、商人は農民より下位に位置しないのみならず、富の生産において高い位置にある。

商人は高い位にあり、政府は企業や商人や産業界の召使いの役割を果たす。なぜなら、富の生産は、経済界の巨大企業や何千もの中小企業を含む民間セクターの手によらなければ成し得ないからだ。実際のところ、日本を現在の地位まで高め、経済大国へと発展させたのは、この民間セクターの企業や団体であり、自国に富と威信、プレステージをもたらした。したがって、統治機構のすべては、これらの企業や経済団体に仕えなければならない。政府の責務は、民間企業がより円滑にかつより強力に経済活動を行えるよう、そしてより多くの富を日本にもたらすことができるよう、尽力することである。企業や経済団体が日本をここまでの地位に引き上げたことから、政策決定、とりわけ外交政策の決定においては企業の利益が最優先される。

日・イラン二国間貿易において、あるいはイランから経済ミッションが訪日する際に、何か問題が発生するたび、イラン本国は、在日本大使館に対し、外交ルートを通して障害を取り除くよう要望した。それはイラン側が、日本政府の幹部や政治団体は企業に対し指示を出すことができると考えていたからだろう。これは、イランにおける政府を中心とする経済のあり方に起因するもので、日本では通用しない。

ビジネスパーソンと経団連に対する首相の全権・全面的コミットメント

企業中心の発展のアプローチの反映は、政府の事柄において首尾一貫しており、何から何まで明らかである。そのもっとも明らかな例として、経団連という日本の大企業の会議に首相自ら出席することがあげられる。経団連は実のところ、日本の大企業や経済団体から構成されるクラブである。

新しく首相が任命されると、最初の仕事として経団連を訪問し、大企業に対し、国益である企業利益増進へ向けて取り組むと忠誠を誓うのである。首相の方が経団連の指導者のもとへ赴くのであり、彼らが首相のところへ来ることはない。政府の第一の義務が富の生産と貿易振興であり、経団連は経済界の主要な団体であり、かつ日本の最も重要かつ最も影響力のある貿易・産業・経済の団体だからだ。

経団連は終戦翌年の一九四六年八月に設立された。現在、鉄鋼や自動車、電気工業をはじめとする各連盟や協会等一五三の団体会員と、企業やメガバンクをはじめとする一五四二社の企業会員から成る。経団連は日本における権力の要であり、財界指導部の中心とみなされる。経団連会長は、財界の総理、あるいは経済有力界の総理と呼ばれている。経団連と日本商工会議所の間では仕事のすみ分けがあり、商工会議所は主に中小企業の利益を追求している。

経団連は様々な手法や策により、政府の政策立案に関与している。経団連は経済産業上の問題や障害を把握し、公式あるいは非公式の助言を政府に提示し、また打開策を提案する。日本のマスメディアもまた、経団連の意見や活動を、日本の経済産業界と企業幹部の意見の総体として献身的に報道している。

国会議員候補に対する政治資金のからくり

世界各国と同様、日本のビジネスパーソンや財界人もまた、政治家や政策立案者に対する影響力行使のためのもう一つの方途を持っている。それは政治家に対する直接的あるいは間接的献金であり、それは合法的あるいは半合法的に行われている。もちろん経団連は一九九四年、政治家への献金の斡旋は企業に対して行わないと発表したが、各企業は現在も政治献金を続けている。

日本の国会議員候補は、選挙活動のために国民から寄附・献金を受けることができる。五万円以上の寄附・献金については報告義務が、また各候補は、受理した寄附リストを報告する義務がある。よって、法律では候補に対する寄附に問題はなく、第一に透明性が確保されている。第二に、外国人からの寄附は禁止されている。第三に上限が設けられている。どの企業も、候補者に何百万円もの寄附はできない。しかし、厳しい管理や監視、法令があるにもかかわらず、法令を迂回する策や道が存在する。

通常、議員候補は選挙運動の準備と集票のため、政治資金パーティーを豪華なホテルで開催するのが通例である。会の参加者は参加費として、候補者への寄附の意味あいとして三万円ほどを支払う。各国の外交官にも案内状は届くが、案内状には「招待・外交官」の判が押されていて、参加費は免除される。外国人から寄附を受け取ることは法律で禁止されているからだ。

私も何度か政治資金パーティーに参加した。候補者たちは、各国外交官の出席を、自らの政治的威信を高めるものとして歓迎していた。会場や料理などから、会の開催には少なくとも何百万もの費用がかかっていることが推察された。しかし参加者の数はせいぜい一〇〇人から一五〇人ほどであり、一人当たりの参加費三万円では採算が取れないと思われた。

ある元国会議員にこの謎を尋ねたところ、このような説明があった。「表面だけを見ていては真相はわからない。いくつかの企業、特に巨大企業は、一度に例えば社員千人分の入場券を買うが、実際にパーティーに参加するのは二人か三人だけだ。こうして選挙活動のために大金を集めるのだ。また企業も、様々な利益を計算した上で一度に入場券を大量買いする。当選後、その議員が国会でのロビー活動の一助となってくれることを期待しているわけだ。日本の議院内閣制では、国会議員の中には同時に、大臣や副大臣などの政府の要職を兼任する議員もいる。企業はどの候補に投資すべきか充分に調べ検討した上で、そうしている」

監視と透明化はもちろん効いており、職業政治家に対し、用心して不正を回避するよう強いている。ある衆議院議員選挙で、以前から個人的な友好を結んでおり、後に大臣になった議員が、問題をはらんだ政治献金のため大臣辞任を余儀なくされた。議員自ら提出していた政治献金リストに、韓国籍（在日韓国人）の女性からの政治献金を受理していたことを、議員の反対派のグループが見つけだしたのだ。政治資金規正法では外国人からの政治献金受理を禁止しており、議員は法律に違反していた。この憐れむべき議員は即刻引責辞任し、過ちを犯したことを認めます、と述べた。

興味深い点は、その受理した献金の額が非常に少額であったことだ。議員の説明では、その女性は選挙区内の近所で飲食店を経営しており、子供の頃からその店で食事をし、彼女が韓国籍の人であるとは想像もしなかった、とのことである。この告白と引責辞任に私は少なからず驚いた。この事案に詳しい人物に聞いてみると、このような答えが返ってきた「この議員は政治家として将来性のある議員であり、今辞任すれば将来のために良いと判断したのだろう」。実際その通りになった。国民は議員の誠実さと透明性重視の姿勢を評価し、議員はのちに政治の舞台へ戻り、再び大臣に就任した。

省庁間の人事交流

政府の要の義務、すなわち富の生産と貿易・産業の振興がよりよく行われるよう、日本で採用されている手法の一つに、政府内の貿易と外交部門間の人材交流がある。例えば、外務省で局長職にあった官僚が経済産業省へ異動となり、経産省の局長となる。その官僚は、数年後再び外務省へ戻るのである。

いくつかの国では、外務省と治安当局や安全保障局間の人材交流が行われている。例えば、ドイツでは何人かの外務省幹部が数年間情報機関へ出向し、そこで任務を遂行する。より具体的には、情報機関の複数いる次官のうちの一人は必ず外務省出身の官僚であり、三年ごとに入れ替わっている。

ある在イラン・ドイツ大使はまさにこの事情のため、イラン政府からのアグレマン受理に時間がかかった。なぜなら人材交流に応じてかつてドイツ情報機関での勤務経歴があったからだ。

民間企業と経済産業省との人事交流（官民人事交流）

日本でのもう一つの興味深い手法に、民間企業の社員が任期付きで経済産業省へ出向することがある。社員は、給与は所属企業からもらいながら経済産業省へ出向し、同省のために働くが、政府の機密事項には立ち入らない。各部署でこのような役人がおり、一定期間後、そのポストを別の企業からの社員に引き渡すのである。

これらの人事交流以外のもう一つの手法は、外務省等の退官者が民間企業に役員として採用され役職に就くことである。外務省を退官した多くの幹部が、のちに総合商社などの大企業に所属しているのを実際に見た。中には、かつて関係を築いていたことを生かして在京イラン大使館に来館し、新しい就職先企業のために関係を築こうとした元外務官僚もいた。外交と貿易が不可分の関係にあることは注目すべき事象であり、日本でははっきりと目にすることができる。

貿易・産業企業のマーケターとしての国会議員

政治家や政策立案者が貿易と産業振興に奉仕することで、ビジネスパーソンや産業界の召使いとなっている。国会議員でさえも企業の商品やサービスのマーケターになっている。もちろん、その多くは議員自らの選挙区の企業マーケットだが。選挙区内の貿易・産業企業活動を活性化させ潤わすことは不正行為や不当な活動とはみなされない。国会議員は完全なる透明性を持って、民間企業のためにマーケティング活動をし、その見返りとして企業から政治献金を受け取っている。

私が駐日大使だった時も、国会議員が企業の代表取締役と来館し、自社製品やサービスを紹介することが何度もあった。私の方から表敬訪問の依頼をした時にも、企業の代表が同席するケースがあった。ある国会議員が和牛の生産企業の代表と来館した。この企業は日本の複数の地域で、特別で高価な牛肉を生産するために特別な環境下で特別の餌を与えて牛を飼育していた。説明では、その和牛はサシのキメが細かく非常に柔らかな肉で、ほどよい弾力があり、豊かな味をしているとのことだった。価格は一キロ当たり二五〇ユーロから五〇〇ユーロで、議員が連れてきた会社の代表は海外輸出を目指しており、飼育方法について詳細な説明を行った。飼育の際に音楽を流したり、マッサージをしたりすること、そして餌にビールを加えていることも語った！

代表はイランではアルコール飲料がご法度であることも知っており、ビールを飲ませているが、イランへの輸出は問題ないかと聞いてきた。私はイスラム法に則った屠殺処理について説明し、アルコールの問題とは別に、一番の問題はイランへ輸出するためには屠殺処理の問題をクリアしなければならず、アルコール問題がクリアされても実際のところイランへの輸出は難しいと答えた。

またある時、若い女性の国会議員が来館した。議員は地元で収穫された農産物を持参しており、それは一粒一粒がクルミほどの大きさの種なしブドウだった。説明では、その地域では独特な食べ方があり、議員自らその食べ方を実演してくれた。ブドウの一粒を氷水の中に入れ、一つひとつを同席していた人に渡した。

このように日本の国会議員は、自らの選挙区の商品のマーケティングのため、ためらうことなく、また遠慮なく最大の努力を払っていた。その女性議員とは良い交流を続けていたが、のちに出世階段を一段一段と駆け上がっていった。

汚職・贈収賄防止のためのメカニズム

政治と経済・貿易が絡みあっていることにより、「ビジネスパーソンである政府要人」「政府要人であるビジネスパーソン」が生まれている。当然のこととして、収賄や贈賄などの汚職の危険性が高まることになる。汚職防止のため、あるいは少なくともその可能性を減らすため、また透明性確保のため、様々な制度や手法が設けられている。汚職をしようとしてもできないか、少なくとも容易にはできないように法令やプロセスが定められている。しかし、人は自らの利益のために法律の抜け穴を見つけた場合、誘惑にかられ、欲望が法令遵守に勝ってしまうものだ。言い換えれば、文化や教育、規則の厳格な履行、徹底した法の支配が欠かせない。

一度日本外務省のある官吏と都市部のゴミ処理について話したことがあった。私は、なぜ街中に、公園にゴミ箱を見かけないのかと聞いた。答えて言うには、もしあれば、皆そのゴミ箱にゴミを持っていって捨てるからだと。日本市民は自ら生みだすゴミに責任があり、それを分別して役所の収集車に出し、費用も払わなければならないのですと語っていた。

家業：日本文化に深く根付いたもの

日本の伝統を背景にした特徴的な現象の一つに、世襲政治家があげられる。もちろん世襲議員は、他の民主主義国家でも多かれ少なかれ見受けられるが、日本ほど多くはない。政治家の子供として生まれ、親の跡を継ぐことは好ましくない、あるいは規範に反することとはみなされない。それどころか、政界の熾烈なライバル競争において、一つのアドバンテージとされる。もちろん最低限の適性を備えている場合ではあるが。日本は海外からは職業適性重視の国と見られており、少し大目に見れば、そうだと言える。しかし世襲政治・世襲議員は、一見すると適性主義とは反するのに、日本では非常に色濃く支配的である。この特質は日本の前近代社会の文化と、家制度や歴史に依拠した適性主義への信仰に根ざしたものである。

日本の民主主義と世襲政治

家業には、日本文化の古くからの背景があり、ある種適性主義と混ざっている。この文化は近代以前に始まり、今日の日本においてもあらゆる分野へ浸透している。日本の伝統文化では家族集団と家業はほぼ同一とされる。それゆえ、政治家や政府要人の子息子女にとって職業選択の第一は、父や祖父や先祖代々の仕事である。

封建時代・前近代においての家族集団は、皆同じ仕事に従事していた。イランや他の多くの国と同様に。ただ日本と諸外国との違いは、必ずしも血統や血の繋がりに完全には従わないことである。すなわち、家業は必ずしも血の繋がりに基づくものではない。日本人の家族内の関係において、時に娘婿や丁稚さえもが家の長男より優位に立つことがあり、さらには家業の長になることさえある。

なぜか？　それはその人物が、他の誰よりも家業に習熟し適性を示しているからだ。相続や継承は、イランのように完璧かつ排他的に血のつながりに従うのではなく、子息子女たちの適性に基づいている。重視されるのは、家業を維持し、発展させることなのだ。それが子息によるのか、娘婿や嫁によるのか、あるいは丁稚によるのかは重要ではない。これが日本の産業と貿易の主柱たる同族経営企業（財閥）が力をつけた秘密である。

政界における家業

今日の日本では、政界や政治権力の世界で家業を受け継ぐことは普及しており、効果的要素すらある。選挙運動や権力闘争において、議員の力は三つの要素からなると言われる。地盤（支持基盤）、看板（名声や著名であること）、そして鞄（財力）である。政治家の家に生まれたものは、生まれ持って看板と鞄を享受していることは明らかだ。一般の家出身の無名のライバルより少なくとも二歩先を行っているのである。

この文化的背景と要素に照らし、日本の民主的と同時に伝統的制度では、息子、娘婿、あるいは孫は、父、義父、あるいは祖父の地位である、政治家へと育てられる。日本の社会では、それは好ましくない、あるいは規範に反することとはされない。戦後のほぼすべての首相は、政治家教育を父のもとで息子として、義父のもとで娘婿として、あるいは別の形で受け、まさにこの家族環境や名声、継承の政治家を後ろ盾とし、首相や大臣、国会議長の座に就いてきたのである。

世襲議員の事例

世襲議員の例は数多くある。ここでは私が駐日大使の頃、首相や大臣に就任した政治家に限り数例をあげる。

二〇〇七年から二〇〇八年まで首相を務めた福田康夫氏は、著名な政治家一族の出身で、福田赳夫元首相（一九七六―一九七八年）の長男である。

前述した麻生太郎氏は、二〇〇八年九月から二〇〇九年九月まで首相だったが、過去二、三〇年間の日本の中核的存在の政治家である。麻生氏の母は、一九四六年から一九四七年までと一九四八年から一九五四年まで首相を務めた吉田茂の娘であり、妻は一九八〇年から一九八二年まで首相だった鈴木善幸の娘である。麻生氏はまた、寛仁親王と結婚した妹を通じて、皇室とも深い繋がりがある。氏は安倍晋三総裁の自民党が政権に返り咲いた二〇一二年以降、副総理兼財務大臣として、政権のナンバー2だった。

二〇〇八年九月から二〇〇九年九月まで麻生太郎政権の外務大臣であり、イランを訪問した中曽根弘文氏は、一九八二年から一九八七年まで首相を務めた中曽根康弘氏の長男である。外交関係樹立八〇周年の大使館での式典の思い出は後述する。

左派政党・民主党の鳩山由紀夫元首相は、曽祖父が衆議院議長を務めた和夫氏であり、祖父は総理を務めた一郎氏、父は外務大臣を務めた威一郎氏である。鳩山氏は二〇〇九年九月から二〇一〇年六月八日まで総理大臣の職にあった。鳩山氏とは総理になる前から親交があり、まだ一国会議員だった頃、公邸での夕食会に招いたこともあった。鳩山氏が総理の座から降りた後も交流を続け、二年後の二〇一二年四月、日本国元総理大臣としてイランを訪問、当時のアフマディネジャード大統領、ラリジャニ国会議長、サーレヒ外務大臣、ジャリリ国家安全保障最高評議会書記らとの面談を行った。日本国内で議論を巻き起こしたこの訪問の際、私は氏のホスト役を務めた。

日本国憲法史上最長の在任期間を更新した安倍晋三元総理大臣は、安倍晋太郎元外務大臣の次男である。安倍晋太郎氏は一九八二年から一九八六年まで外務大臣の要職にあった。安倍晋三氏の母方の祖父である岸信介氏は一九五七年から一九六〇年まで首相を務め、その弟、大叔父の佐藤栄作氏は一九六四年から一九七二年までの長きにわたり総理の要職にあった。安倍晋三氏は大叔父の総理在任記録を更新し、二〇二〇年九月一六日、総理を辞任した。氏はトランプ政権時代イランを訪問し、核問題でイランとアメリカの和解・妥協案を探ったが実現はしなかった。

下位の国会議員でも世襲議員はよくいる。国会議員の約三割はベテラン議員で、大物の元議員の子息子女や親族である。日本人はこのような議員のことを二世議員と呼んでいる。

二世議員のアドバンテージは実のところ、政治家を務めた父親や祖父、あるいは義父のもとで育ち、教育を受けているという点にある。通常二世議員のほとんどが父や祖父、義父である国会議員の第一秘書を務め、その後補佐官や顧問となっている。二世議員は一歩ずつ階段を上り、より上位の職へと養成される。その後、選挙に出馬し、有権者から選出されなければならない。もちろん高名な政治家一族の出身だからといって、一気に上り詰めて政権の座につくわけではない。その前に、字義通りの意味で弟子として訓練を受けなければならない。日本人は権力乱用防止に長けており、政治家の子息は父の名前を用いることはできるが、悪用はできない。

人口約一億二千四〇〇万の日本人の中で、政治と権力は主に、その多くが政治家を家業としている、ごく限られた政治家や政府要人、政治エリートによって回され、そのような政治家が最大の発言権を持っている。もちろん他の政治家たちの道も開かれてはいるが。一族で政治家を育て、統治機構の中での政権要人を輩出する。しかし政治家も、日本国民も、そのことを恥であるとは思っていない。「親の七光り」と揶揄されることもない。日本人は一般に、政治家一族の一員であることや政治を生業とする一家の出身者は、ベテラン政治家のもとで育ち、政治や統治をより深く習得し、その人物評価は平均点より高いと考えている。このような後ろ盾は、法律や社会規範に反しない限り、個人的適性とともに、新人政治家にとって、政界の競争でのアドバンテージとなっている。

伝統的徒弟制度での政治家養成

在任中、何人かの政治家が育成され出世する姿を目にした。与党に入党した若い政治家が一段一段出世階段を上がっていく姿をこの目で見てきた。その道程と手法は明らかだ。各省の大臣任命は議院内閣制に従っており、大臣は通常、国会議員の中から選ばれる。内閣が変わると新しい大臣が就任するが、官僚機構本体は変わらない。各省庁の事務次官も新政権発足や内閣改造等では変わらず、職責を担い続ける。

例えば外務省では、大臣は国会議員である副大臣や大臣政務官を引き連れて外務省に来るが、事務次官、外務審議官、経済審議官等の異動はない。各大臣は政権与党内から選出され、省庁の重要性に応じて、副大臣や大臣政務官の定数もそれぞれの所轄も決まり、やはり与党から選ばれる。例えば外務省では、ある政務官は中南米を担当、別の政務官は中東アフリカ地域を担当するといった具合だが、外交や外交政策の実施には直接関与しない。実務は、官僚の幹部や事務方によって遂行される。各省庁の大臣や副大臣に任命される与党議員の仕事は主に政策の監視・モニタリングであり、さらにはより重要な業務として、仕事の習得がある。政務官には、仕事を覚えて将来大臣になれるよう、若い議員が配置される。

二〇一二年から二〇一七年まで外務大臣を務め、その後総理大臣に就任した岸田文雄氏は、私の在任中、日・イラン友好議員連盟のメンバーだった。氏は当時、自民党で要職には就いていなかったが、議連の事務局長を務めていた。私は大使として、イランから訪日する要人、特に国会議員のため、議連との会談を設定することもあった。議連との会談で岸田氏は会合の司会進行を務めていた。当時の議連の会長は中山太郎氏であり、その後、高村正彦自民党副総裁が引き継いだ。岸田氏は一段一段出世階段を上り、数年後に外務大臣の要職に就いた。また一時期防衛大臣も兼任し、二〇二一年一〇月四日、日本国内閣総理大臣に就任した。

各省庁において、この手法が採られている。各省庁で、知見の深いベテランの与党議員が大臣を務め、大臣のもとで数人の副大臣や若い政務官が働き、仕事を習得し、その後出世していく。これは日本で浸透した手法である。若い議員がベテラン議員の会談に同席し、ただ内容を聞き、メモを取ることもある。このやり方は国際会議や多国間会合に出席する日本の外交団でも見ることができる。若い外交官は後部席に座り、ただやりとりを聞き、筆記する。また代表団の細かな点をフォローする。

この流儀、すなわち徒弟制度は日本文化の深部に根付いている。日本では弟子として働くことは一つの価値であり、それはかつてのイランでも同様だった。イランの古いバザールでは、商人は時に自らの子息を弟子として教育することもあり、店の弟子が店の主人に婿入りすることもしばしばあった。今日ではこのような徒弟制度の伝統は薄れているように思われる。

前近代の日本では一家の全員が代々続く家業に従事していた。労働者も雇い、時には丁稚奉公というスタイルもあった。すなわち、子供の頃から別の家、伝統のある家業に丁稚入りした。丁稚奉公は日本で古くからある慣習であり、さらには、ある丁稚が非常に優れた適性を示し、技術を習得し頭角を現し、家業の長となるケースもよくあった。このような昇進は日本では禁止されていなかった。家の名前を丁稚に授けることもできた。血縁と家族であることのみが重要であったのではなく、熟練の真剣な仕事ぶりが絆を生みだしていた。

肥大化した強力な官僚制

日本における官僚制（bureaucracy）は支配的かつ征服的な制度であり、事実上、政治家よりも上位にあり、優勢に立つものだ。官僚制は古くから日本の統治機構に浸透し、日本人の独自の文化と独創的な礎のもと、肥大化し強力になってきた。政権政党や政治家の交代により官僚が異動することはなく、ほぼすべての事柄において優位に立ち支配的だ。官僚の優位性は時に、政治家の不平不満の嘆きをも引き起こす。ある政治家は、「日本は実のところ官僚たちのアメリカ合衆国だ！」と嘆いていた。

官僚はいたるところで影響力を持ち、行政実務に精通している。官僚は事実上、当選後各省庁に入る政務三役をマネージメントする。ここでのマネージメントとは、定められた枠を超えないように誘導することだ。日本の政治家もまた、一般の日本人と同様、非常に保守的でありあまり変化を好まないがゆえ、官僚たちと歩調を合わせる。勇敢さや大胆さを発揮し、大きな変化を引き起こそうとする政治家が現れるのはごく稀だ。このように、日本では急進的な政治動向や振り子の動きは見られない。おそらくそれゆえヨーロッパでは、「日本には真の意味での民主主義はあるのか」と疑義を呈されることもあるのだろう。

私の在任中、日本の政治家の慣例枠を超えた国会議員が二、三人いた。その最たる例として、二〇〇九年の自民党から民主党への政権交代があげられる。日本の政界における歴史的出来事であり、一九九三年の野党転落を除いて、一九五五年の結党以来はじめて政権が完全に自民党から離れ、当時の野党政権になった。

民主党の鳩山代表は、変化（チェンジ）をスローガンに掲げ、首相の座についた。鳩山氏は他の政治家とは異なる思想を持っており、激しいスローガンを掲げていた。そのスローガンは、日本の政治哲学やイデオロギーの範疇に収まらないものだった。鳩山氏は、日本のアメリカへの依存度を少なくするため、欧州連合（ＥＵ）に似た、東アジア共同体の設立を目指していた。西ヨーロッパで欧州連合ができたように、我々もこの東アジア地域で、自ら独自の共同体を持とう、と語っていた。

氏のもう一つのスローガンは、沖縄の普天間米軍基地の移設であったが、実際には手を引かざるを得なくなった。鳩山氏は日本の政治イデオロギーの中で、通例ではない思想やスローガンを持って仕事を進めることはできなかった。そして総理就任後たった九カ月で辞任した。氏は辞任の会見の際、公約を実現できなかったため辞任すると述べた。民主党も二〇一二年の衆議院議員総選挙において敗北し、再び政権の座を自民党に明け渡すこととなった。

鳩山氏は実際のところ、日本の官僚制に負けたと言われていた。氏がひっくり返すことのできなかった制度であり、現実的に、総理の権力よりも巨大な力と実権を備えた制度だ。日米同盟の見直しと米軍基地移設を公約に掲げ、東アジア共同体の理想を提起し総理になった人物は、政権の座から引きずり下ろされた。

日本の官僚制は近現代の産物、あるいはアメリカが作りだしたものにすぎない、との見方は正しくない。官僚制は日本人の古くからの文化遺産である。官僚制は封建制の将軍統治の時代から足固めをしていた。例えば、官僚の根幹的役割である出生や死亡、婚姻等の戸籍登録は、近代の象徴と思われがちだが、中世の日本では寺院が行っており、近代に入りそのまま役所へと引き継がれた。日本人は独創性を発揮し、官僚制と調和した形で進め、さらには肥大化させたのである。

日本の反逆的ポピュリズムの挫折

日本の政治と統治のもう一つの顕著な特徴として、ポピュリズム（大衆迎合主義）の不成功があげられる。過去二〇年間、左派であろうが極右派であろうが、ポピュリズムはアメリカをはじめ様々な国で顕在化した。ポピュリズムの一つの側面は、「エスタブリッシュメント（既成の権威勢力体制）」に対する市民の反対票である。この動きはトランプ大統領において特に際立った。しかしそのような現象は日本では見られない。例えば、自民党は戦後ほぼ途切れることなく政権与党であるが、二〇〇九年の総選挙において民主党に大敗し、三年間政権と権力をライバル政党に明け渡した。民主党は、与党自民党の方針と通例と異なる公約によって政権奪取した。しかし、エスタブリッシュメントの方針からすれば通例と異なる公約を掲げた民主党と鳩山代表は、大衆迎合主義へとは向かわなかった。バランスをとり、極端な政策に走ることを回避し、結果として約三年後には敗北を喫して再び政権の座を自民党に譲った。

その理由は、エスタブリッシュメントとの闘争の基盤となる理念が日本人にはそれほど受け入れられなかったことにある。これは日本人の保守的で慎重な国民性によるもので、極端に走ることや通例ではあり得ないことをあまり許容しない。少なくとも日本では、「反逆的ポピュリズム」は買い手がいないと言ってよい。日本人は一般に計算されていない言葉を好まない。政府要人、ビジネスパーソン、政治家、そして一般市民も、統計と資料に基づく根拠を重視する。政界の大ホラ吹きやヤジを飛ばす政治家は、その感情的な言葉で市民を運動に掻きたてることはできないし、煽動したとしてもその運動は長くは続かない。日本人はあらゆる事柄において、細部まで目を配り、正確性を追求し、深く考える。何かを主張する際には必ず数字を持ち出すし、また相手側にも数字を求める。日本で大衆迎合主義が流行らない要因がここにある。

他方、日本人の気質・国民性である計算第一主義や保守主義は、過度に行きすぎて、時には不作為に至ることもしばしばある。自民党副総裁で日・イラン友好議連会長の高村正彦氏は、この気質についてこう語った。「日本人は橋を渡る時、最初に何度か橋を叩いて、橋の強度を確かめる。堅固な橋だと確信するまで叩くことで有名だ。『石橋を叩いて渡る』との諺があるほどだ。しかし橋の安全性を確かめた後、その橋を渡らないこともある」これは日本人の過度な保守主義と計算第一主義を言い表す譬えである。この気質ゆえ、日本ではポピュリズムは流行らないが、重大な決定の時機を逃すこともある。

大衆迎合主義の不成功の別の要因に、確固たる根を張った官僚体制がある。統治の官僚制が確立しているため、誰かが大雑把に語り、市民の感情を利用し、スローガンを叫ぶことで事を前へ進めることはできない。他方、日本の教育と教養水準の高さ（それは読み書きの能力以上のものがある）もまた影響している。アメリカのトランプ氏はポピュリズムの波に乗ることができたが、それはアメリカは教育水準が低く、「無学の白人（redneck）」の有権者が少なくないからだ。日本人は自らの教養をもとに考え、スローガンや公約を何もかもたやすく信じることは決してしない。総じて簡単に信じたり、表層的見方をしたりする国民ではない。日本人は奇妙な内容を耳にした場合、その全容が明らかになるまで受け入れない。日本で最も困難な仕事は、前例のない、新しい提案や要望を提起し、肯定的な回答を得ることだ。日本人は必ず一度検討してから回答する。この検討には、議題のあらゆる側面を緻密に考え、あらゆる関係者や関係機関の見解を得ること、また関係者と協議することが含まれる。

これは外務省に対し、最も簡単で平易に見える要望についての決定を求めた際も同じだった。

回答が得られるまで時間がかかる時には、大使館の部下に対し「外務省の警備員から大臣まで調整が必要だということを知らないのか、忍耐強くありなさい！」と冗談交じりに語ったこともあった。しかしいったん、日本人から肯定的な回答が得られれば、安心しきって、案件が期日通りに最善の形で行われると確信することができた。日本での最も困難な仕事は、「わかりました」との了承を得ることであり、そのあとはすべて円滑に事が進む。もしかしたらイラン文化と逆なのかもしれない！

元駐日大使のモッタキ氏はあるジョークを語っていた。外国人が「日本の天皇になれますか」と聞くと、日本人はすぐには回答しない。持ち帰って数日後、一連の関連資料や文書を持ってきて、こう回答する。「すみません、日本の憲法と日本の何々の法律の第何条第何項にこのような決まりがあり、あなたは天皇にはなれません」と！　聞かれたその場で事実を裏づける資料や文書なしに回答することはない。これは日本人の独創性の一つである。協議の場でも、過去に前例のない、初めての提案を提示されると、すぐにはイエスかノーの回答はしない。「いったん持ち帰って検討します」と答える。中道主義ならびに保守主義とともにある教養と深慮、方策により、日本では反逆的ポピュリズムは成功しなかったのである。

国民統合の象徴としての天皇

天皇という存在は、おそらくすべての日本人ではないにしろ、多くの日本人にとって、戦前と同じように威厳があり神聖な存在だ。日本人の友人に、天皇とお会いしたと話すと、羨望の眼差しで、「陛下と直接お会いできるなんて、なんとも羨ましいですね」と言われることもあった。ムスリムに改宗した大使館の女性現地職員でさえ、同じ感情を露わにしていた。日本人は天皇出席の行事では、あらゆる努力と工夫を尽くし、天皇の高い位を示していた。

その一つの場面を、国会の開会式で見ることができた。開会式では天皇がお言葉を述べる。在京外交団もまた開会式に招待され、国会会議場のテラス席から式を傍聴する。独特の儀礼によって議場に入られる天皇の入場の瞬間から着席まで、首相、閣僚、議員をはじめ全員が腰を折ってお辞儀をし、敬意を表した。中には九〇度腰を折ってお迎えする議員もいた。天皇が自らの椅子に着席すると、議場を完全な沈黙が覆っていた。机の上の用紙をめくる音がホール全体に響くほどであった。天皇が会議場から退出するまで、緊張感漂う沈黙が支配していた。

もちろん、これほどまでの荘厳さと壮麗さは、五分にも満たないお言葉のためであった。私が初めて開会式に出席した際、式次第を見て、一瞬信じられず、間違いではないかと目を疑った。式の開始から終了までわずか七分であった。天皇の入場が二分、開会の辞が一分、天皇のお言葉が二分、退場が二分であった。まったく信じられなかったが、まさにその正確さで、遅れることもなく早まることもなく執り行われた。もちろん国会議員や他の要人、また外交団は、三〇分ほど前には自らの場所に着席し、じっと待っていた。

明仁天皇との会談

天皇との最初の出会いは、前述した信任状捧呈式だった。日本人には素晴らしい慣例があり、各国大使と天皇との会談は捧呈式で終わることはない。外交団は、天皇が出席するさまざまな行事に招待される。私も年に一回か二回、天皇とお会いする機会に恵まれた。その中でも最も重要な行事は、新年のレセプション、もう一つは日本のナショナルデー（祝日）に定められている天皇のお誕生日である。全大使が招待される。明仁天皇（当時）のお誕生日は一二月二三日であり、新年の一週間前である。天皇の誕生日を「日本国のナショナルデー」に制定すること自体、日本人が天皇を国と国民統合の象徴として敬愛していることの表れだ。

信任状捧呈式からしばらくして、新任の大使は三人ずつ天皇と皇后の出席のもとのお茶会に招待される。立食のパーティーであり、皇太子と皇太子妃も出席される。各国大使は配偶者とともに招待され、それぞれお茶を楽しみながら、順番に天皇ならびに皇太子と三分ほどお話しをする時間が割り当てられる。話の内容は当然、政治的な、あるいはこみ入った話ではない。儀礼的な挨拶の後、私が捧呈式で天皇に贈った絨毯のことに触れることを期待し、ペルシャ絨毯の話へ話題を持っていったが、天皇は何も話されなかった。

宮中の厨房のザクロペースト

そのパーティーで、美智子皇后（当時）は私の妻に、ある美味しいイラン料理のことを聞かれた。それは一九七一年イランを訪問した際に召し上がられ、その味が舌に残っていたようだ。さまざまに説明され、妻はそれがフェセンジャーン（ザクロとくるみの煮込み料理）という料理だとわかり、フェセンジャーンの作り方と材料を簡単に説明した。皇后は「レシピを送ってくださ い」と言われた。妻は、「私が作ります」と言ったが、皇后は「いいえ、宮中の専門シェフが調理しなければならないのです」と言った。安全上のことだとわかった。大使館へ戻りレシピを書き、翻訳させ、ザクロペーストの入った瓶と一緒に皇居へお届けした。「このペーストを日本で作るのは難しいかもしれないので送ります」と書いた。このようにしてザクロペーストが宮中へと運ばれた。

三年以上勤務する大使は、四人グループで天皇と皇后出席の特別な昼食会に招待される。明仁天皇と美智子皇后はこの会で、非常に落ち着きゆったりと振る舞われていた。お二人ともイランへの関心を示された。外交レセプションの慣習とは異なり、客人の場所は固定されておらず、食卓に着く場所が数分おきに変わるスタイルだった。大使と配偶者は順番に天皇あるいは皇后のそばに座り、お話をした。その会で、天皇のイランについての知見は深く豊富であり、外務省がレクチャーする内容に限定されたものではないことがわかった。

イラン文化における詩についてお話ししたところ、予想に反してイランの詩人をご存じで、何人かの名前をあげられた。天皇は皇太子時代に皇太子妃とイランへ行っていた。裕仁天皇の名代として一九七一年一〇月、かの有名な「(イラン建国)二五〇〇年祭典」に出席されていた。天皇には三笠宮崇仁親王という叔父がおり、親王は東洋学者でイラン学者だった。発掘調査のためイランも訪問されていた。ペルシャ語もある程度お話しされ、イランのことがお好きだったようだ。三笠宮崇仁親王は二〇一六年逝去された。享年一〇〇歳だった。ご子息の三笠宮寛仁殿下とも在任中何度かお会いした。

敗戦と天皇の神性の剥奪

天皇は、これほどまでに荘厳な存在であり人々から敬愛されているが、その地位は完全に儀礼的なものであり、もっぱら日本国民統合の象徴とみなされている。これは憲法に規定されており、より正確にはアメリカが日本人に対し規定したものだ。しかし戦前の天皇の力はそうではなかった。第二次世界大戦の末期、天皇が敗戦を宣言した時、日本の歴史上最大の変革が起こった。神々の太陽の子である天皇は、天界から地上界へと降り、玉音放送で敗戦を宣言させられ、自らの臣下に対し、私もあなたたちと同じ一人の人間であると述べたのだ。アメリカは核兵器を用いた犯罪で日本に勝利した後、統治体制をも規定し、憲法を起草・作成した。

この戦後憲法では、天皇を現人神の地位から引きずり下ろし、日本人の目の前で侮辱した。占領軍マッカーサー司令官が裕仁天皇の隣に立っている有名な写真は充分すぎるほど屈辱的である。マッカーサーは傲慢にも、気取って儀礼を守らず腰に手をやり、一方天皇は直立不動で立っている。アメリカはこの写真を意図的に大々的に発表した。

アメリカは裕仁天皇に対し、ラジオ放送で日本の無条件降伏であるポツダム宣言を受諾したことを述べさせたのだ。実際天皇はその通り読みあげた。日本国民は一九四五年八月一五日、玉音放送を信じられないまま初めて天皇の肉声を聴いた。天皇は忠実な臣下に対し、降伏とポツダム宣言の受諾を読みあげた。日本の庶民は天皇の言葉の多くを理解できなかった。なぜなら非常に純粋で高尚な日本語で語ったからだ。しかし天皇の肉声の放送と、メッセージの半分ほどの理解で、国民には充分だった。

当時の日本人にとり、天皇が天界から地上界へと降りてきた信じられない出来事だった。それでも何百万もの日本人は嗚咽を堪えながらひれ伏し、従った。玉音放送には別のメッセージが隠れていた。核兵器の地獄の力についての警告である。日本はその後非核化の道を歩み、国際社会で反核兵器運動の主導国へと変わっていった。

アメリカは自ら望む憲法を作成し、日本の統治制度を一変させた。一九四五年から一九五二年、すなわちアメリカ軍占領下の時代、アメリカは統治と行政制度を可能な限りすべて変えた。一九四七年施行の新憲法では、天皇の政治権力は完全に剥奪され、天皇の地位はたんに国と国民統合の象徴と定義された。儀礼的な天皇の存在と国民統合の維持、これは日本の国内状況を統制する上で必要な要素だった。なぜなら数千年の遺産は、統治制度ならびに日本国土の主権と独立の支柱とみなされたからだ。憲法ではさらに、海外での戦闘能力のある軍隊を保持する権利を剥奪した。アメリカは新憲法第九条で規定し、日本はただ、その任務が国内にとどまり専守防衛に限定される自衛隊を保持することのみ許された。海外での自衛隊の活動は、国連平和維持活動（ＰＫＯ）、国会承認が必要な限定的後方支援や非戦闘活動に制限されることとなった。

第五章　日本人の独創性について

尊敬と調和：日本人の道徳観の二大要素

日本の独創性については本書で多く語ってきたが、その中でも尊敬と調和について強調する必要がある。この二つの要素は日本人の道徳観の重要な原則であり、日本人の生活におけるその文化と所作は非常に際立っている。敬意を払うことは日本人にとって大事な義務である。年少者が年長者に対し、部下が上司に対し、役人が来客者に対し、店員が客に対し、医者や看護師が患者に対して敬意を払うこと、それは日本人が厳格に守っている義務であり、それに反することは好ましくない罪でさえある。敬意を払うことは通常、様々な角度でのお辞儀をともない、それ自体が特別な儀礼となっている。この礼法は幼少期から教育されている。さらに日本人は電話越しにでさえ、無意識のうちにお辞儀をすることもある！

日本人の会話のほとんどが「すみません」から始まり、「～ください」と続く。ラリジャニ国会議長訪日の際、議長一行の車列の先頭に走っていた白バイの警察官が、スピーカーで車列を優先的に通すべく誘導していた。私は議長に「日本語はわかりませんが、センテンスの最後に『ください』と言っていることはわかります。警察官がどれほど穏やかに敬意を込めて一般車両を誘導しているか、その口調からもおわかりになってもらえると思います」と説明した。

瑣末事への神経質さと綿密さ

日本に赴任する外交官、あるいは日本人との貿易を考えているビジネスパーソンは、仕事の当初から、日本人の独創性（国民性）、特にすべての事柄における事前調整の必要性と、細かな点に気を配ることに留意しなければならない。細かいところまで配慮が行き届いていること、細かな点を大事にすることは、日本の驚嘆すべき産業発展の秘密の一つである。

この特徴は日本のあらゆるところで見受けられる。伝統的な手工芸品「日本人形」の精巧な細工から、工業製品の生産における精度の高さ、お茶会や茶席での一つひとつの所作から行政・統治上の手法における流儀に至るまで社会全体に浸透している。

緻密さは憔悴するほどに

微に入り細を穿つこと、重箱の隅を突く完璧な計画、一点の柔軟性も許さない正確性への留意、これらは時に非常に大きな負担を強いられる。普通、細かな点はその場で解決・処理する私たちイラン人にとって、細かな点への気配りや事前計画は時には不要で徒労をともなうものだった。

在テヘラン日本大使館で何年もの勤務経験のある外務省イラン班の事務官は、イラン人の気質をよく理解しており、こう語っていた。「日本人とイラン人を混ぜて、バランスのとれた普通の人間を作りださなければ！　こんなにも保守的な我々日本人もよくないが、怖いもの知らずすぎるイラン人もよくない」日本人と仕事をする上で良い点は、日本側がいったん計画を立てれば、一つひとつの細かな点まできちんと実施されることを安心して見守っていればよかったことだ。数分でも前後に予定がずれれば文句を言っていた。もちろん丁寧な口調であったが。

ラリジャニ国会議長の訪日

在任中、すべての案件において、日本側と正確かつ包括的な計画を立てる必要があった。本国からハイレベルの要人が来日する際は特にだ。一つの事例として、二〇一〇年二月のアリー・ラリジャニ国会議長の訪日を取り上げたい。

私の同僚や部下は訪日スケジュールの打ち合わせのため、何十時間も外務省や衆議院国際局で時間を費やさなければならなかった。我々にとってはそれほど重要でないと思われたスケジュールの細かな点について彼らは議論し、委曲を尽くしていた。訪日スケジュール日程を何度も復習し確認した。日本側の担当官は、面談等の分刻みのスケジュールと備考などをメモし、スケジュールを組んでいた。これは、ほぼ昼も夜も仕事をしないことにはなし得ないことだった。在任中のイランからの要人来日の際、外務省事務官が、「スケジュールを組むために働きづめで、家に帰っていない」と言っていた。

まさにその日本人の緻密さとあらゆる留意事項を守る上での凄まじい努力は、要人来日の際特に際立っていた。私の部下は、ラリジャニ議長一行の車列の台数について衆議院国際局と交渉していた。日本側は、都内を移動する代表団の車列は四台の儀典車両でなければならない、それに対し我々は、代表団の人数から五台必要だと主張していた。

日本側は、「車列移動で交差点を通過する際、車列のために青信号にすることはできない。車列のスピードと青信号の長さを正確に計算した結果、五台以上の車列では青信号は通過できない、五台目の車両が赤信号に引っかかり、取り残されてしまう」と説明した。「もし五台目が必要なら、車列は二つに分かれてしまい、最初から計画を立て直す必要がある」。当然のこととして、イラン側もすべての同行者が議長と同じ車列で移動し、同時に面談や視察の現場に到着することを望んでいた。我々が主張を繰り返した結果、最終的には日本側が折れ、五台目の車両も車列に組んでくれた。

しかし青信号の長さを変えることはできず、五台目は遅れて到着することになった。初日に国会での衆議院議長との会談が設定されていたが、一行の一人が予定時刻より非常に遅れてホテルから出て来たため、車列は四台で出発した。

日本人の細かい点への気配りは、賓客の価値観、留意点、趣向にまで及び、あらゆる側面に非常に気を使い神経質なほどだった。賓客の考えるあらゆる事柄がスケジュールに反映されるよう気を使っていた。特にイランからの要人のためには、食事の制限や趣向から礼拝時刻、礼拝に必要な用具や環境なども考慮してくれた。要人が来日するたび、サッジャーデ（礼拝用の敷物）と、メッカの方向を示すキブラの印が用意されていた。ある時、都外の企業の視察が予定に組まれていた。日本側は、イラン人の慣習に詳しく、必要なものをすべて用意する担当官を同行させていた。担当官はムスリムの礼拝やその仕方について幅広い知識を有した人だった。

ラリジャニ国会議長訪日の際の思い出の一つに、日本側による最初の接待がある。一行は午前に東京（羽田空港）に到着し、日本側は、ホテルにチェックインした後、昼食はそのホテルのレストランでとる設定にしていた。いつものようにイラン側は、牛肉や鶏肉はイスラム法に則り屠殺処理されたハラール肉でなければならない、入手できない場合はハラールの魚料理を出すよう注文していた。

昼食の委細を何度もイラン側と打ち合わせした。その後、昼食会は中華料理店で行うと告げられた。驚いた。「ありがとう。でもなぜ中華レストランなのですか？　ホテルには日本料理のレストランもあり、当然日本料理店で接待してくれるものと思っていたのに、どうして中華レストラン？」と聞いた。日本側は答えた。「調査した結果、その日本料理店では、ハラールではない肉に用いる包丁を、ハラールの食材の調理に用いているのです！　イランの規則と教えでは、それは禁止されていることであり、お店側に包丁や調理用具を変えるようお願いしましたが、それはできないとのことでした。しかし中華レストランの方は、調理道具を変えて、ハラール食の調理だけのために用いると約束してくれたのです」私はどう答えるべきかわからなかった。ムスリムでさえもこんなに神経質でないかもしれない！

そして昼食が始まった。お店側が事前に取得していた、肉類がハラールである証明書も、一行の一人一人のテーブルの上に置かれていた。ラリジャニ議長と同行者が着席すると、一連の経緯を語り、「この証明書はあるイスラムセンターが発行したもので、イスラム法上の留意点はすべて守られているという意味です」と言った。厨房の包丁の件や日本人の正確性についても説明し、あらゆる面で安心して召し上がってくださいと語った。食事が出された。上手に調理された美味しいステーキだった。一行の何人かは口を固く閉じ、食べなかった。疑わしいとのことだった。

私は言った。「何が疑わしいのですか？　肉は、大使館がいつも調達するところから調達されたものです。目の前に証明書もあります」「魚料理を用意してもらえないか」と文句を言ってきた。「魚料理を出したとしても、大使である私がハラールだと確認したのですよ。魚がハラールでない可能性もありますがこの肉がハラールであることは保証します」ラリジャニ議長と一行のほとんどの人が食べたが、二、三人はそれでも口にするのを避けた。その後日本側に対し、「今後はもうお手数はおかけしません。正式な晩餐会以外の食事は我々が用意し、部屋で食べるようにします」と私は言った。大使館のシェフは、ハラール店で買った牛肉や鶏肉でイラン料理を作り、職員が手分けして部屋に運んだ。日本側主催の晩餐会等では、魚と野菜のみ出すようお願いした。

日本人のやり方に対するイラン人のやり方！

日本人の厳格で融通の利かない計画作成のため、時にイラン側の意向に沿った計画が立てられるよう、一計を案じる必要に迫られた。イラン・日本友好議員連盟会長のアラーエッディン・ボルージェルディ氏（当時、イラン国会の国家安全保障外交委員長）が両国の外交関係樹立八〇周年に合わせて来日した時のことだ。東京とテヘランの各大使館が八〇周年記念の式典を開催し、両国の外相が相手国の大使館での式典に出席する、すなわち中曽根外務大臣は在日本イラン大使館での、モッタキ外務大臣は在テヘラン日本大使館での式典にそれぞれ出席すると日本側と合意していた。ボルージェルディ氏の訪日は、その式典に合わせてアレンジした。大使館のホールで式典を行い、両国の外交史料展も同時開催した。

日本側はそのしきたりや慣例に従い、何時何分に中曽根大臣が大使館に到着し、何時何分からスピーチを行い、その後展示を見学し、何時何分に大使館を後にする等と、非常に正確に計画を練っていた。

他方我々は、ボルージェルディ氏と中曽根大臣の会談を要請していたが、大臣のスケジュールが非常に立て込んでおり、会談の時間は確保できないとのことだった。大臣が大使館に着くやい

外交史料展オープニングセレモニーでのテープカット（右から中曽根弘文外務大臣、大使、ボルージェルディ・イラン日本友好議連会長、2009年7月3日、イラン大使館ホール）

中曽根外務大臣とボルージェルディ会長との懇談（2009年7月3日、イラン大使館応接室）

なや、その場で数分間の面談を行ってはどうかと提案したが、「できません、見学を終えたらすぐに次の予定に向かわなければなりません」とのことだった。我々が提案し、日本側の拒否が繰り返された。解決策はなく、別の方途を検討するしかなかった。同僚は、議連の会長が遠路はるばる日本に来て、外務大臣との短時間の面談をしないのは許されないことだと言った。

運が悪いことに式典当日、来客数の多さから、また事前に予測していなかったことから大使館前の坂が渋滞しており、大臣の車両が渋滞に巻き込まれ、予定時刻より遅く式典に到着した。大臣は大使館の手前で降り、小走りで坂を下りて大使館に着いた。大臣の数分間の到着遅れは災いの上の災いとなった。遅れのため少し動揺していた日本側の儀典担当者は何度も、大臣は挨拶を終えたらすぐに出なければならない、とイラン側に耳打ちしていた。

式典が始まり、私は短い歓迎の挨拶を述べ、その後大臣の挨拶となった。そして、史料展示会の見学が始まった。大臣は一枚一枚の史料を丁寧に見て、私はそれぞれに短い説明を行った。議連会長と大臣との面談のための策謀はそれからだった。我々は、大臣による見学の動線が、最後にホール奥の応接室に行き着くよう設定していた。

見学が終わると、大臣を応接室に案内した。ボルージェルディ会長がすでに待機していた。会長を紹介し、どうぞお座りくださいと言った。大臣は少し困惑した様子だったが、礼儀を守り、ソファーに座り、会長との懇談を行った。外務省の事務官と儀典担当官たちは部屋の外で待機し、そわそわしながら部屋の中の様子を見守っていた。儀典担当官は今にも自分の髪をかきむしり引きちぎりそうだった。最終的に、会長と大臣との面談は無事に終わった。のちに日本側は、「大使が望んでいた通りになったが、こちらは本当にやきもきした！」と語っていた。

人口減少の超高齢社会

日本は超高齢社会で、人口の高齢化が急速に進んでいる。これは社会にとっての重大な挑戦、難題である。人口増加率はマイナスであり、毎年人口は減少している。若い人口はより少なくなり、代わりに高齢者や退職者が増えている。換言すれば、生産人口が減り、消費人口が増加している。いわゆる「パンを作る人が減り、パンを食べる人が増える」状況だ。保健や医療のレベルが高いこともあり、寿命が長く、中には一〇〇歳を超える日本人もいる。超高齢社会においては、国家予算の多くが社会保障に割かれている。退職年齢の引き上げ、子供を産むよう促す政策など対策は講じられているが、それほど功を奏していない。日本ではかつて出生率低下政策が打ち出されたこともあったが今では後悔しており、現在、人口減少は政治的かつ社会的に深刻な難題となっている。

二〇一〇年から二〇一五年にかけての日本の人口減少が際立っている。二〇一〇年に約一億二八〇〇万人だった人口は二〇一五年には約一億二七〇〇万人に減少した。すなわち五年間で約一〇〇万人の人口減である。その後も減少は続き、二〇一九年には約一億二六〇〇万人まで減った。

田上富久長崎市長（前列左から3人目）とラリジャニ国会議長（同4人目）
（2010年2月27日、長崎原爆資料館）

二一世紀後半の日本の人口については様々な予測がある。政府の人口予測では、二〇七〇年には約三九〇〇万人減少し八七〇〇万人にまで減少する。（厚生労働省、二〇二三年五月の推計）この人口減少の推移は日本の社会と経済にとって打撃である。未だこの難題を克服するための実効的な解決策は見いだせていない。少子高齢化社会の問題は、イランでもこの数年提起され、多くの議論を呼んでいる。

私より年上ですか？

日本人は総じて実年齢より若く見える。ラリジャニ国会議長来日の際、二〇一〇年二月二七日、広島に続いて原爆が投下された街、長崎を訪問し、原爆資料館を見学した。長崎市長が直接、議長に同行し案内と説明を行ってくれた。とても若く見えるがベテランの市長であると感じた。議長は市長と雑談をはじめ、市長は長崎市の歴史等について説明した。

ラリジャニ氏は話の中で、少し父親のような口調で市長に対し、「おいくつですか」と尋ねた。市長は五三歳ですと答えた。議長の顔に驚きの色がありありと浮かんだ。驚いて「五三歳ですか、私より年上なのですか?」と聞き返した。ほとんどの日本人が実年齢より若く見える。それは食生活や民族的なものかもしれない。日本人の実年齢を見極めるためには、外見の年齢に二〇歳足す必要がある、と言われている。

幼少期からの規範教育

日本人の独創性については、細やかな配慮、几帳面さ、正確性、衛生や清潔な環境などにはじまり、集団の個人に対する優位性などの基本的な信念に至るまで、日本人は生まれた瞬間から学び始める。子供たちは幼少期から保育園へ預けられ、保育園はたんに子供の保護や世話のみならず、日本文化に基づく子供の精神性や独創性の形成に重要な役割を果たしている。入園して数カ月もすれば、幼児は日本社会の規範や価値観が自らの思考の中心となり、どのような場面であれ、その枠を超えて行動することはなくなる。イスラム教の預言者の「幼少期の学問は石に刻まれたもの(三つ子の魂百まで)」とのハディース(言行録)が具体的に見てとれる。もちろん、違反した者に対する罰としての厳しい規則の役割も見過ごしてはならない。

一例をあげれば、生まれた瞬間からのこの教育ゆえに、日本人は注意されることなく、あるいは監視する人がいなくても、衛生環境を守り、ゴミを道に捨てたりしない。イランでは、ドアや壁のそこらじゅうに張り紙をし、「清潔さが信仰の表れである」との教えゆえに「清潔さを守ってください」と注意しお願いをする。日本人シーア派聖職者の澤田氏は、一度残念そうに私に語ったことがある。「イランへ留学してペルシャ語の読み書きができるようになった時、トイレに『衛生・清潔を守ってください』と張り紙がしてあった」そのお願いの文は我々イラン人からすればとても日常のものだ。しかし日本人の澤田氏は非常に驚いていた。「本当に驚きました。本当にです。このように書く必要があるのでしょうか？　言う必要があるのでしょうか？　トイレに用を足しに行く人は衛生・清潔を守るのは当然のことです！」氏にとっては、その張り紙は、「息を吸ってください」と同じくらいおかしなものだった。

環境衛生を守ることをはじめとする社会規範は、日本人の頭脳にすり込まれ慣習となっており、どこであろうと違いはない。職場、学校、大学、あるいはレクリエーションのための自然環境中であっても。それは、自国でなくても同じである。イラン国内の競技場でイラン対日本戦の試合が行われ、試合後、日本人サポーターがゴミを拾い、ゴミ袋に入れ片づけている様子を何度もテレビ等で見てきた。

私も東京在任中、休日に公園や果樹園でビニールシートの敷物を広げピクニックをする日本人が、ゴミを捨てたり散らかしたりしない様子を何度も見た。日本には、イランの「スィーズダ・

ベダル（イラン暦新年から一三日目）」に相当する「自然の日」という祝日がある。五月の上旬で、その日は何百万もの人々が公園などにピクニックに行き、車座になっておしゃべりを楽しむ。新宿御苑に行った時、見まわしただけでも何千人もの人が来ていたが、ゴミ一つ落ちてなかった。

ただ公園から出る時、特定の場所にゴミ袋が置かれていたが、これはその日特別なことで、通常の日は公園や街中にはゴミ箱はなく、自ら出したゴミはそれぞれが家に持ち帰り、分別して、ゴミ袋に入れ、決まった曜日に役所の収集車が来るのを待つ。ある曜日は可燃ゴミ、別の曜日は不燃ゴミ、プラスチック類や瓶類などと、曜日ごとに分別されたゴミの回収日が決まっている。

二〇〇八年一〇月、ガリバーフ・テヘラン市長が訪日した。日本人の綺麗好きな国民性と環境の清潔さを守る習慣を市長に説明した。「みどりの日の日本人の行状と、イランの自然の日のイラン人の行動とを比較してみてください。イラン人は大量のゴミをそこら辺に捨ててそのまま立ち去ってしまう」市長は言った。「なぜ自然の日を例に持ち出すのか？　イラン・イスラム革命記念日の二月一一日の大行進では、テヘラン市はゴミ収集の大規模なプロジェクトを実施している。すなわち毎年、デモ行進の終わりに、街中に溢れた大量のゴミや紙くずを迅速に収集するプロジェクトを企画実施している」

日本の教育制度は、日本の小学校や幼稚園に通うイラン人の子供たちにも影響を与えている。子供が日本の学校に通っていたある在日イラン人は語る。「一度、ピクニックで子供のためにチョコレート袋を開けた時、その袋が手から離れ、すぐ側の湖に落ちてしまった。子供は袋を拾うよう私に何度もお願いし、拾おうとしたが袋は湖の中に沈んでしまった。子供は日本人がお詫びをする際のジェスチャーで顔の前で両手を合わせ、泣きながら魚に、『住む場所を汚してしまってごめんなさい』と言っていたのです」と！

別の例は、大使館のイラン人学校の生徒の例で、本国から派遣されていたイラン人教員に関するものだ。その教員には如才ない、とてもわんぱくな子供がいて、誰の言うことも聞かなかった。宗教行事などの際イラン人家族同士が集う時、皆その子に手を焼いていた。しかしその子が日本の保育園へ二、三カ月ほど通うと、振る舞いは一変した。その子はゴミを撒き散らす特技があったのだが、ある時ティッシュペーパーの紙切れが床に落ちているのを見ると、その場に立ち、「誰がこのティッシュを落としたの？　落とした人は自分で拾いなさい！」と言ったのだ。その子は保育園で学んだ教育を行動に移していたのだ。「ゴミを出した人が片づけなければならない」。さらには、毎週あるいは数日ごとに、全員でトイレをはじめ学校全体の清掃を行う。私立の学校では必ずしもそうではないと聞いたこともあるが。

教育と人材開発：発展の最大の秘密

日本の飛躍的発展をハード面のみから分析する誤った考察がある。教育や人材開発よりハード面が優位にあると考え、人的資本や計画に依拠する代わりに、機材や技術に依拠し、日本は発展したとの分析である。これは日本の発展についての正しい理解ではない。

産業センターの視察や、研修参加のために来日するイラン人ミッションはまず、日本の先端技術や先進的なものを見ようとする。街の中で、工場で、民家で、なんでもこなすロボットを探す。発展の秘密は別のところにあることに気づかずに。日本側の招聘で研修参加のために来日したものの、通常、最初の頃は「日本には我々に教えるべき新しいものはない、我々イランの方がより優れたものを知っている」と主張する。しかし滞在の中盤から終盤にさしかかる頃になって、発展の秘密は、日本人が厳格に守り、自ら言い聞かせている人材管理の細やかな点にあることを理解していた。

日本人の宗教

日本人の独創性について語る以上、宗教にも言及したい。宗教は言うまでもなく行動規範を理解する上で必要不可欠な要素だ。日本国民の独自の宗教は、何千年も前から綿々と受け継がれている神道である。神道は、聖典から得られる信仰・信条や宗教的義務が成文化された宗教ではない。創始者や聖典は存在せず、日本人の生活と不可分な品行や振る舞い、世界観や教えの複合体である。

神道の信者たちは神々を信仰している。神道という宗教は何世紀も続く中で、仏教や儒教などの外来宗教の教義と融合してきた。仏教は六世紀に中国から伝来し、当初は貴族や武士の宗教であった。それに対し神道は庶民の宗教とみなされた。

日本の人々が常に自然災害に見舞われてきたことも、神道の形成に影響したと言われる。度重なる甚大な自然災害の発生により、日本人は古くから共助の必要に迫られた。集団で行動し、集団で不毛の土地や森林を開墾し、永住できるようせざるを得なかった。この自然環境は強い集団主義を生みだし、多神教を形成した。日本人は森羅万象に神を創り出し、神々に頼った。山、海、風、それぞれに神が宿っており、神々の数は八百万《やおよろず》とも言われる。

六世紀に中国から仏教が伝来すると、神道に大きな影響を与えた。仏教は経典のある成文化された宗教である。神道は現世を超えた世界を信奉しているものの、死後の世界については沈黙している。つまり神道の信徒に、死後人間はどうなるかと聞けば、答える内容はない。それゆえ、死後の世界について語る哲学のある仏教が伝来すると歓迎された。仏教では輪廻転生が説かれており、死後の魂が信じられている。ゆえに、神道の補完的教義となった。文化庁の『宗教年鑑』二〇二三年版によれば、日本人の約六七％が神道、約五六％が仏教を信奉している。多くの人々が神道の信者でもあり仏教徒でもあるという認識で、二つの教えを守っている。人口の約六％がキリスト教やイスラム教などの信徒で少数派だ。冗談で言われることだが、日本人は神道の儀礼で誕生し、キリスト教の儀礼で結婚し、仏教の儀礼で亡くなる！　日本には神社仏閣が非常に多くある。約七万五千の寺、約八万の神社があり、どの街区にも一つは存在する。それも規模の大きく歴史の古いものから、普通の小さいものまで多種多様だ。

神道は多神教の古代からの宗教だが、その教えは日本人の行状や振る舞いに良い影響を与えてきた。日本の厳しい自然環境により、日本人は勤労と集団労働を強いられ、神道はこの労働と勤労に神聖な側面を与えている。多くの人が考えるところでは、日本人の過度なまでの仕事への愛情と関心、そして仕事中心の生活スタイルは神道の教えから来ている。

二〇〇八年九月から二〇〇九年九月まで総理大臣を務めた麻生太郎氏は、私も参加した在京外交団へ向けたスピーチの中で興味深い点に言及した。麻生氏は日本と日本人の独創性について話し、その中でも特に仕事の文化について述べた。「神道の教えでは何百万もの神がいる。自然のあらゆる現象や事物には独自の神がいる。木々の神、花の神、海の神、海上の神、海中の神、海底の神、風の神、火の神という具合に。これらの神々のそれぞれが仕事の責任を負っている。よって神道の教えでは、『働く』とは神の一つの動詞である。皆さんが働く時、それは神の行為を成し遂げたという意味なのです」麻生氏の解釈では、働くとは神々の動詞であり、よっていかなる仕事も恥ではないとのことだった。

日本人のもう一つの顔

日本人の独創性の良い面について語ってきた。それらの中には諸外国にとって真に模範となり得るものもある。しかし、コインのもう一つの面である負の側面について語らなければ、日本人論は不完全なものとなってしまう。

個のアイデンティティが失われること

集団主義により個としてのアイデンティティが奪われるという問題は、私見では、個人をして機械の一部にしてしまい、行動のみならず魂をも機械のごとく変えてしまう。集団行動は素晴らしいが、一方で、主導性、主体性、さらには自信、自己肯定感でさえも個人から奪い、その結果、個のアイデンティティが失われてしまう。日本人は通常、自らのアイデンティティを集団の中に見いだし、集団への帰属意識が強く、個人的アイデンティティを自ら信じることは少ない。

ある日本外務省の幹部は雑談の中で、アイデンティティについて話が及んだ際、こう語った。

「私自身がアイデンティティにおいて問題を抱えている一人なんです。時々思うことに、生きるために仕事をしているのか、仕事をするために生きているのか、わからなくなるんです。これは未解決の問題です」

過度の勤労とその後遺症

ある専門分野のエンジニアで、日本の大企業の幹部クラスのイラン人が語っていた。「日本の会社で働くことは駐屯地にいるようなものです。毎朝、朝礼があり、会社の目的や目標への忠誠心のためのスローガンや誓約もあるんです」社員、労働者、商人、社長、大臣であろうと、それに変わりはない。日本人は皆、雄鶏が鳴く頃から深夜まで仕事をすることに満足している。中には仕事に夢中になるあまり、帰宅しなければならないことさえ忘れてしまう人もいる。軍隊式の重く長時間の労働による日々の生活が心の死、うつ状態をもたらすことは自然であり、さらには「過労死」と呼ばれる過度の勤労のための死さえある。

通勤の苦労と大変さが勤労に加わる。東京の住宅の高騰と供給不足のため、多くの人々が東京から離れた近郊の都市にマイホームを構えている。皆、電車や地下鉄で遠い地域から職場へ通勤している。公共交通機関は充分に整備されている。しかしこの通勤時間が時には往復四時間以上かかる場合もある。

外務省の職員たちは言う。深夜一二時を過ぎてまだ仕事を続ける場合、公費でタクシーに乗ることができるが、まだ電車や地下鉄がある時間帯は、タクシーは使えない。日本の外務省や他の官公庁と仕事のやりとりをしている時、朝出勤してパソコンを開いてみると、深夜の二時、三時にメールが届いていたこともよくあった。

過労死

個に対する集団の絶対的優位性、集団にアイデンティティや帰属意識を見いだすことは、時には帰属している集団や組織のために奴隷のごとく、そして死に至るまで働くことを強いる。程度を超えたルールなき労働は、家族生活にも支障をきたす。心の死やうつをもたらし、死に至るケースも多くある。過度の労働による死は日本ではあまりに多く、「過労死」という独自のワードも作られたほどである。

過度の労働によるひどい疲れは心筋梗塞や脳梗塞などをもたらす。日本人が必死に仕事をするのは、上司による直接の圧力への恐れというより、勤労への信奉のためである。もちろん間接的な脅威や恐れもある。それは叱責への恐れ、任務をきちんと完璧に果たすことができずに解雇されてしまうことへの恐れ、集団労働下で問題を引き起こす恐れ、などだ。この信念に基づき、がむしゃらに働く。もちろん日本人は過労死を聖なる死であるとはみなしていない。反対に、過労死にはプラスの価値は見いださず、日本人であっても否定的だ。

最初の過労死の事例は一九六九年に報告された。二九歳の既婚男性が大手新聞社で働いていたが、クモ膜下出血のため死亡した。その後働き盛りの、既往症や持病もない大企業の幹部が数人死亡し、世論が過労死に注目し、従業員にとっての脅威とみなされるようになった。

過労の影響は家庭内でも明らかだ。多くの男性が週末にならないと子供とゆっくり話すこともできない。もちろんそれは子供がいる場合だが。日本の出生率は著しく低下し、人口増加率はマイナスだ。女性たちは職業を失うことを恐れ、結婚願望は低い。結婚したとしても、職場の立ち位置や今後の立場を考え、出産する女性は減少している。集団労働により、多くの日本人の生活が孤立している。東京の世帯の多くが単身世帯だ。

ここで、日本人とイラン人との興味深い相違点が見受けられる。ある在日イラン人は言う。「日本人は集団で仕事をするが、単身で生活している。それはイラン人と反対で、イラン人は一人で仕事をするが集団で生活をしている。仕事ではもし良いパートナーなら、組もうとなる。しかしプライベートでは、あらゆる友達や知人に声をかけ一緒に時間をすごす」イラン人家族の集団での娯楽については多く語る必要はないかと思う。東京で同僚たちと家族ぐるみで気分転換に郊外や公園へ出かけると、羨望の眼差しで私たちを見ている一人ぼっちの日本人を見かけることもあった。

うつ病と自殺

日本でのうつ病疾患と自殺の割合は高く、社会的かつ国民的な複雑な問題である。世界保健機関（WHO）の統計では、日本は世界で最も高い自殺率を記録している。私の在任中、政府公式統計では年間約三万二千人であり、現在は約二万人で推移しているようだ。原因としては、大変な仕事と駐屯地的生活によるうつ、そして名誉ある死を信奉している日本人が今もいることだ。

後者は、古くは自殺に至る最も重要な要因であったが、近年ではその色は薄らいでいる。自殺、あるいは名誉ある死への信奉は、自殺の是非についてなんら判断しない仏教の教えにその多くが起因すると言われている。この信奉は敵の捕虜となったり拷問を受けたりするより自殺の方がましであるとする、武士道にもルーツがある。武士道では名誉ある、また自尊の死とみなされている。イスラム教やその他のアブラハムの宗教（啓示宗教）では、自殺は犯した後、懺悔する機会も得られない、大罪の一つとされる。

軍国主義の日本

イラン人を含め、世界の多くの人々が考えるところでは、日本人は本質的に、また血筋として、穏やかで良い人たちである。しかし韓国や中国、東南アジアの多くの人々は必ずしもそうは考えない。アジアの人々は、第二次世界大戦中の大日本帝国の侵略軍と流血を自らの領土で経験している。日本人は同大戦で敗戦するまで極めてナショナリストであり、いわゆる国粋主義者であった。この極端な傾向は世界のいたるところで見受けられ、今もなお存在し消えていないと言っていいと思う。

日本人の国粋的理想主義は、東南アジア諸国において嫌悪感情という禍根を残した。日本軍は流血犯罪や戦争犯罪を犯した。中国の満州、朝鮮半島全域を占領し、フィリピンまで進軍した。朝鮮半島を占領し、文化をも変えようとした。フィリピンやインドネシアにも侵略した。朝鮮や中国、フィリピンにおける性奴隷制は当時の日本の乱暴な占領軍のもう一つの禍根である。この負の遺産は従軍慰安婦問題として今も残っており、しばしば日本と韓国、中国、フィリピンとの二国間関係において物議が起きる。従軍慰安婦とは、大日本帝国軍が朝鮮半島やフィリピン、中国の一部を占領し、軍人の慰安を強要した女性のことである。その数は何万とも推計される。日本側はその数を二万人と発表しているが、中国の研究者たちは最大で四一万人としている。この行為により生まれた子供たちの問題は、今も日韓関係に現存する問題である。

日本の好ましくないイメージ

このような戦争犯罪や流血事件のため、韓国や中国、フィリピン、その他の東南アジア諸国の人々は日本に対して好ましいイメージを抱くことができない。イラン人や世界の多くの人々が抱く日本のイメージ、すなわち穏やかで温和で平和的な日本人というイメージを受け入れないのである。戦争の禍根がたびたび論争の火種となる。日本の首相が大戦でのA級戦犯が埋葬されている靖国神社を参拝することは、多くの抗議や反感を呼ぶ。

最近ではハーフのアメリカ人である在韓国アメリカ大使の口ひげが馬鹿げた論争となり、先の大戦での韓国や中国での日本人の行状に今もいかに嫌悪感を抱いているか改めて思い知らせた。ハリー・ハリス在韓国アメリカ大使は、元アメリカ海軍将校の父と日本人の母のもとに生まれ、顔立ちは母親に似ている。占領軍として韓国を占領していた日本人司令官のような口ひげを生やしていた。韓国の記者たちは、アメリカ大使の顔が第二次世界大戦中の日本占領軍の指導者を彷彿とさせるとはやしたてた。この論争は熱を帯び、最終的にハリス大使は口ひげを剃らざるを得なくなった。

この話には真実が込められている。すなわち、まさに今日のおとなしく穏やかで謙虚な日本人が、七五年以上前の戦争中、侵略や流血事件を行ったのであり、中国や韓国、フィリピンの人々の日本軍司令部に対するイメージは、まさに我々イラン人がチンギスハーンのモンゴル帝国の兵士たちに抱いているものと同じなのだ。

第六章　日本外交のスタイルと流儀

アメリカとの関係：日本外交の戦略的要

日本の政治と統治について簡潔に述べたので、日本外交のスタイルと流儀がいかなるものであるべきかは明らかだろう。日本外交の特別な任務は富の生産への取り組みである。各国の統治制度にとっては安全保障が第一の責務であり、いかなる国も自国の安全保障を他のいかなる目的のためにも犠牲にしないことは極めて明白である。しかし日本は第二次世界大戦後、自国の安全保障を外部委託した。すなわちワシントンＤＣに委ね、アメリカの安全保障の傘下に入った。結果、日本は安全保障に必要な莫大な費用負担から解放され、自国の全エネルギーを富の生産に傾注してきた。

このように、日本の外交機関（外務省）の主たる任務が、第一に戦略的支柱とみなされるアメリカとの同調と同盟であり、第二に実務的優先課題である富の生産の支援である。日本の政府幹部はアメリカの意向に反して一歩たりともステップを踏む用意はなく、一人のアメリカ人外交官を苦慮させたり怒らせたりすることさえも厳しく避けようとする。よって、日本の外交機関の法的権限や力は、アメリカの重要な利益と同方向である、あるいは最低限それに関与しないところに限られる。

二〇一六年、トランプがアメリカの政界への進出意向を表明した際、選挙キャンペーンの中で、なぜ我々が日本と韓国の安全保障を担う必要があるのか、これらの国は安全保障の費用を自ら払うべきだ、と繰り返し述べた。トランプの方針は日本人の心に恐れと困惑を投じたが、日本外務省のテクノクラート（技術官僚）は、ヒラリー・クリントンが当選し、問題はないだろうと確信しており、当時の安倍晋三首相に正確な助言を行っていなかった。安倍首相はアメリカ大統領選前に国連総会首脳会議での演説のためニューヨークを訪問し、ヒラリー・クリントンとは面談したが、トランプには留意していなかった。

日本外務省の予想を覆し、もちろん世界中の多くの予想に反してトランプがクリントンを打ち負かし大統領に選出された時、日本側はあわてふためいた。安倍晋三氏は一日たりとも無駄にはせず、座して何をすべきで何をしないでおくべきか考えていたヨーロッパ人とは違い、すぐさまアメリカへと向かった。安倍はトランプのもとへ行き、二人でゴルフをする約束をし、友達になったのである。

その後、プライベートのゴルフ場でトランプと取り決めを交わし、トランプの対日方針やアプローチを変えたのだ。その結果、日本はアメリカの安全保障の傘下にとどまることとなった。

周辺環境の脅威への対応

日本はロシア、中国、北朝鮮という核保有国に囲まれた国である。そのうち中国とロシアは国連安保理常任理事国であり、拒否権を有している。日本は両方の国とも領有権ならびに安全保障上の問題を抱えている。北朝鮮が日本にとって深刻なのはミサイルと核の脅威だ。東アジア地域の中で唯一の自然な同志国とみなされるのは韓国である。

この三カ国の中でより大きな脅威は中国であり、より小さいが差し迫った脅威は北朝鮮である。核武装した北朝鮮は時折ミサイルを発射し、日本のそばを、あるいは日本の上空を通過し、海岸から何百キロメートルも離れた海上に落下し、日本人を震撼させている。日本は地域から害を被りやすい。国際エネルギー機関（ＩＥＡ）の元事務局長である田中伸男氏は言う。「北朝鮮が我が国の方向へ発射するミサイルを非常に懸念している。例えば同時に三〇発のミサイルを発射し、その追跡が極めて困難になる可能性もある。一発だけでもアメリカと日本の対ミサイル防衛網を通過し、核弾頭を搭載していた場合、その一発が日本を壊滅させる」

中国はより大きな脅威であるが、同時に日本と中国の間には幅広く深い経済関係があり、中国は日本の最大貿易相手国である。過去一〇年間の両国間の貿易総額は、日本の貿易年間総額の二〇%から二五%を占めており、それゆえ日本の対中国外交政策は複雑な方程式となっている。日本は経済面でも軍事面でも、中国と角を付き合わせる力はなく、ゆえにアメリカの核の傘下に避難する以外の安全保障上の選択肢は残されていない。

富の生産：日本外交の主要任務

日本外交の要の任務、すなわち富の生産への支援に戻る。アメリカの安全保障上の傘下で営み、安全保障上の費用と面倒なことから解放されている政府の外交機関は、いかにして新たなマーケットを見つけだし、いかにして外交関係を経済関係・貿易に寄与させるかに力を注いでいる。私が思うに、日本外交機関の務めの七割から八割は、富の生産の促進と支援に割かれている。富の生産は民間セクター・企業に任されている。ゆえに日本外交はこれら企業の目的や目標に仕えるものである。政府は日本企業が世界とビジネスを行い、その商品やサービスを輸出提供できる環境を外交において整備しなければならないのだ。

実際のところ、外交のみならず統治機構のすべての支柱である部局が企業に仕えており、より良い条件で、かつより広範に産業活動やビジネスを行い、より多くの富を日本にもたらすことができるよう貢献している。それゆえ、アメリカの存在とその安全保障上の傘は日本にとって死活的に重要であり、もしそれがなければ、資源や資産の巨大な部分を安全保障、特に中国や北朝鮮に対して費やさざるを得なくなる。日本外交はこの角度や視点から見なければならない。

そのため人権などのテーマは、日本外交において、貿易上の利益を危険にさらすほどの大きな重要性はなく、回避できない場合のみ、人権決議において西側諸国に同調し、賛成票を投じる。

あるいはシオニスト体制（イスラエル）とパレスチナの問題を巡っては、イスラム・アラブ諸国との極めて重要な経済関係に鑑み、均衡を保とうとする。シオニスト体制とは良い関係にはあるが、イスラム・アラブ諸国の怒りを買うほどまでに前へ進めようとはしない。ペルシャ湾岸地域やその他の地域においても、この軌道に沿って動いている。「均衡とバランス」は、可能な限り日本外交において最大の発言力を持つ。なぜなら目的は、述べてきたように別のところにあるからである。

国際的信用の獲得：すべての国の願望

貿易上の目標の傍ら、日本も各国と同様、国際的信用と威信の獲得に尽力している。実のところ、あらゆる国の外交は国家安全保障と国益の次に、国際的威信の獲得と名誉の維持を追求している。これはまさにソフトパワーに関わることで、今日の世界において非常に重要性が高まっている。あらゆる国は栄誉や名誉を追求している。国際的危機で果たす役割から、国際スポーツ大会での栄誉獲得に至るまで、あるいは学術や科学技術の分野での名声に至るまで、である。

日本の産業と科学技術は充分に国際的信用と名声をもたらしているが、近年日本は芸術や文化の領域にも大きな関心が向けられ、文化的ツールとコンテンツにより、信用とソフトパワーの向上・強化に努めている。

JICA：日本外交の右腕

日本国際協力機構（JICA）を通して発展途上国へと供与される開発援助は、日本企業が諸外国へと進出する足場を設けること、経済プロジェクトを設けること、そして信用とソフトパワーの強化のため行われており、非常に成功を収めてきた。

JICAと同機構が日本外交で果たしてきた役割は研究に値する現象である。一九五一年九月サンフランシスコ講和条約に調印し、日本は第二次世界大戦中に侵略したアジア諸国に対する一連の損害賠償の責務を負った。しかし日本はこの罰金を、自国の経済成長と発展のための手段へと転換させた。日本政府は賠償の支払いを日本銀行輸出入部門の管理下の計画に沿って、そして円借款支払いを通して行った。

このように政府は外貨節約にも成功し、東南アジアマーケットを再び日本企業にもたらすことに成功した。この手法は、日本製品やサービスの輸出増と諸外国における信用向上のための有効な手段となった。日本はこの手法を、賠償金支払い完了後でさえ、自らの意向によって政府開発援助（ODA）という枠組みで続け、JICAをこの目的のために設立した。JICAは組織行政的には一つの独立機関とみなされる。しかし日本外務省が、その活動と予算配分において最大の権限と役割を持っている。プロジェクトの割り当てや開発援助の種類と額の決定において、日本企業の利益と輸出促進が最も優先されることは明白である。

イランに対する開発援助は研修プログラムとして一九五七年に始まり、まずイラン政府の農業分野の専門家・実務者が日本へと派遣された。それに続き、一九五八年両国の間で、経済技術協力協定が署名された。一九七四年に日本でＪＩＣＡが正式に発足すると、同年イラン事務所が開設され、エネルギー、農業、漁業、森林や環境保全、人材開発、地方開発、健康、危機管理、そして水資源などの分野でイランとの協力を進めてきた。イランへの最大の円借款は、一九九三年、水力発電所プロジェクト（カルン第四水力発電所建設事業）で、額は三八六億円であった。私の東京在任中は、ＪＩＣＡはアメリカの制裁のため、イランに対する円借款供与やその他の財政的協力は行っておらず、人道支援や開発協力案件のみ受け入れていた。

緒方貞子：無尽蔵のエネルギー

着任後数カ月して、ＪＩＣＡ理事長の緒方貞子氏と面談した。氏は日本の最も成功を収めた外交官であり政治家であり、国際社会で名声を博している著名人だ。一九九一年から二〇〇〇年まで国連難民高等弁務官の、そして二〇〇三年から二〇一二年まで、八〇代の高齢にもかかわらず、ＪＩＣＡ理事長の要職にあった。アフガニスタン難民の問題ではイランと密接に仕事をし、イランにも関心を持っていた。在任中私は緒方氏と何度も面談し、良い交友関係を築かせてもらった。ナショナルデーのレセプションやその他の大使館主催の行事に案内するたび、出席していただいた。氏は二〇一九年、その生涯に幕を閉じた。享年九二歳だった。

緒方氏にはイランとアフガニスタンそして日本間の、ＪＩＣＡプロジェクト枠組み三者協力案

緒方貞子JICA理事長との懇談（2011年2月11日、イラン大使公邸でのナショナルデー祝賀会）

を提示し、非常に歓迎され、イランとＪＩＣＡ間協力の礎の一つとなった。現在イランは、ＪＩＣＡ、イラン、近隣諸国の一部（アフガニスタン、もちろんタリバン政権樹立以前だが）との三者協力を主導する重要な国になっており、イランの専門家がそれらの国の研修教育を担っている。二〇〇九年には緒方氏の尽力により、イランからのアフガニスタン人難民帰還と麻薬対策に二五〇〇万ドルの予算が割り当てられた。

在任当時のＪＩＣＡ研修プログラムによるイランと日本の技術協力に、省エネ化、給水システム改善、湿原生態管理、砂塵対策、環境保全などがあった。ＪＩＣＡはイランの専門家や中堅幹部を対象とした多くの研修プログラムを実施していた。私は必ず本国から来日した研修生とプログラムの前後に面会するようにしていた。研修プログラムをいかにして最大限活用できるかなど、様々な助言を行った。また研修生らに安全上の問題や危険性を理解させ、必要な警告をも行っていた。

第七章　日本とアメリカ

アメリカ：核兵器による占領犯罪国、あるいは日本の復興と発展の支援国

イラン人にとって、日本のアメリカとの友好関係は一つの大きな疑問である。アメリカの敵視政策と悪意に辛酸をなめてきたイラン人からすれば、敗戦国が占領支配敵国であり核兵器犯罪国と親密な関係を維持することは非常に不思議であり、想像することさえ困難だ。

マンハッタン計画を完結させるため、そして核兵器の地獄のような威力を第二次世界大戦での勝利大国に見せつけるため、さらには恐怖心を植え付け、世界支配を安定化させるため、広島と長崎を原爆投下地として選んだ敵国である。なぜこのおぞましい戦争犯罪と屈辱的な敗戦が、日本とアメリカ間の永続的な憎しみと敵対心を引き起こさなかったのか？　さらにはなぜ日本の人々は総じてアメリカを友好国かつ同盟国とみなしているのか、という問いである。これはイラン人から見た視点である。しかしこの問題を日本人の視点からも見る必要がある。

アメリカ人は日本を屈服させるためのみならず、その世界覇権実現のため、おぞましい戦争犯罪を犯し、日本人を自らの戦後秩序の目的のため犠牲にした。アメリカ人はまた、日本の独立と統治の象徴的存在であった天皇を神の地位から引きずり下ろし、日本国民の目の前で侮辱した。そして最終的には終戦から一九五二年まで日本を占領下に置いた。これらは正しく現実に即したレポートである。しかし日本人から見た他のいくつかのレポートは、結論を別のものに変える。

アメリカ人は、戦時中の日本での犯罪にもかかわらず、占領後は日本人が占領地（中国、朝鮮半島、ビルマ……）で行っていた殺戮や略奪、侵略や虐待は行わず、日本のために政府を作り、新しい憲法を作成した（日本人は当初自ら憲法案を出したがアメリカ側は認めず、アメリカ側が陣頭指揮をとり作成した）。アメリカ人は日本の政治行政制度に大きな変革を起こし、自国のマーケットを日本と日本製製品に解放し、さらに重要なこととして、自らの核の傘下に日本を置くことで、日本の国家安全保障を担保したのだ。アメリカは自ら望む戦後秩序を追求しており、この秩序において日本は特別な位置にあった。

所見では、戦後のアメリカ政治により、日本人はアメリカに対し二重の感情を持つようになったのではないか。一方で、敗戦と原爆投下、屈辱の苦く痛ましい感情、しかし他方で、より深刻かつ苦い敗戦を回避できたこと、まさに占領国の支援により経済発展を軌道に乗せることができたという点での尊敬の念である。後者の感情は次第に色濃くかつ強くなった。日本人は戦争でアメリカに敗北したが、戦後はアメリカから大きな利益を受けた。戦後秩序での日本の特別な位置に鑑み、アメリカが日本の安全保障を請け負うことにより、日本は安全保障上の莫大な費用から解放され、産業と経済で大きく飛躍することとなった。アメリカ人はまた、自国のマーケットの門戸を日本に開き、日本人は最大限の利益を享受することとなったのである。

こういった点から、日本人はアメリカを自国の発展の主因であるとみなしている。日本人は敗北と繁栄という二重の感情を同時に抱き、今も多かれ少なかれ抱いている。アメリカに敗北した感情と、アメリカに借りがあるという感情だ。アメリカに敗北し屈辱を受けたが、同時にアメリカを発展と進歩の主因であるとみなしているのだ。徐々に、そして終戦から歳月が経つほどに、後者の感情はより色濃くなってきた。若い世代の日本人はアメリカの犯罪を訴えることはなく、父親世代の敗戦のことをほぼ忘れている。アメリカの傘のもとで生活をすることに不満はなく、反対に、目にするものはアメリカの覇権主義による良い結実である。若い世代に、アメリカに対する嫌悪感や敵対心はほぼ見受けられないと言ってよいと思う。

ヒロシマ：核兵器廃絶の象徴

ヒロシマはアメリカによる核兵器犯罪、すなわち原爆投下の象徴であり、ある意味でアメリカ敵対の象徴である。しかし日本人はヒロシマを、戦争ならびに核兵器反対の象徴へと転換、昇華させた。興味深いことに、歴代の駐日アメリカ大使は毎年、ヒロシマでの平和記念式典に参列しているのだ！　彼らは堂々と誇り高く参列し、機嫌よく席に座り、「戦争反対、戦争に死を」のスローガンを叫んでいる。オバマ元大統領も二〇一六年ヒロシマを訪問し、慰霊碑に献花した。安倍政権で重要な役割を担っていたある国会議員は、友好的な歓談の際、最初の質問に対しこのように応えた。

「我が国は明治時代、産業開発で大きな発展を遂げ、それは日本の喜びであった。しかし先の大戦での敗戦は、これらすべての業績や得たものを日本にとっての最大の脅威すなわち中国に奪われる可能性があった。日本人は敗戦により、覇権国家中国の傘下に入る危険をも感じていた。しかしアメリカはそのような危険を回避するだけでなく、二〇年の間、あらゆる面において特に経済発展の面で、中国より優位に立つ機会を日本に与えてくれた。日本人は戦後少なくとも自国の領土保全と一体性、そして統治を、天皇の象徴のもとそのまま保つことに成功した。これは日本人にとって極めて重要なことである。日本の歴史は天皇と不可分の関係にある。よって我々は、アメリカに対し敵対心がないのみならず、この点アメリカ人に感謝している。と同時に、敗戦のおぞましい出来事の一部の原因を、我々自身に向けている。敗戦は我々に押しつけられた。なぜなら軍司令部が間違った決定を下していたからだ」

日本文化における栄誉と屈辱

前述した点に加え、日本人の辞書の中の栄誉と屈辱の意味、そしてイラン人の文化におけるその概念との違いについても留意する必要がある。日本人にとっての名誉追求の意味を示すものは、我々イラン人が理解しているものとは異なる。「謙遜」は日本文化における根本的な柱であり、日本人は通常、自らの弱点を告白することを躊躇《ため》うことはない。自国をどう思っているのかどの日本人に聞いても、「日本は小さく弱い国である、ゆえに、自国を守り発展させるため、より多くの努力を払う必要がある」と結論づける。日本人は通常、実際よりも自らを小さく見せるし、そうすることを厭わない。

イラン人は大抵、ちょうど反対の振る舞いをする。イラン人にとって名誉と栄光の享受は非常に重要である。それは、「自らの顔を叩いて赤くする」必要があってもとても大事で欠かせないのである。「顔を叩いて赤く見せる」という諺は、イラン人の自尊心を物語っており、他者の前では赤い顔をしていなければならない（赤い顔は繁栄と幸福の印である）。それは、たとえ偽って、陰で叩いてでもそうしなければならないのだ！

時々同僚との雑談の際に語る譬えに、日本人とイラン人の英語力の比較がある。日本人に「英語はわかりますか？」と尋ねると、その多くが「いいえ」と答え、一部の人は「ちょっとだけ」と答える。しかしその一見英語が話せないと思われた日本人が、話さざるを得ない状況になると、その人の英語はそれほど悪くないことがわかる。他方、外国人がイラン人に、「英語は話せますか？」と聞くと、ほとんどのイラン人は大抵、自信満々に、ものすごく強い口調で「イエス！」と答える！　その後相手が英語で話し始めると、イラン人は、内容は理解できないのに、その通りだというジェスチャーで何度も頷くのだ！　イラン人の文化では「わかりません」という言葉を発することは、残念ながら奇妙なことであり、名誉に反することとされている。

このように、日本人一般にとって、アメリカに従属していると認識されることはそれほど大したことではなく、これはある種、国家安全保障のための謙遜とみなされる。日本人の友人が語っていたように、中国に服従する方が日本人にはより屈辱的なことであり、アメリカはその恐怖から日本人を救ったのだ。日本人はアメリカに対して卑屈な思いを抱いているかもしれないが、アメリカの隣に座ることで発展と繁栄へ導いてくれたことに満足している。日本外務省イラン班の担当官は、「その案件はいったん持ち帰り、アメリカ側に伝え、調整する必要がある」と私に言う際に、恐縮する様子を見せたことは一度もなかった。案件のほとんどは、イランとの二国間関係に関するもので、基本的にアメリカ側には関係のないものだった。

誇りある死による栄誉の追求

このような文化的相違点は、日本人には祖国愛の精神や名誉欲がないという意味ではない。反対に、そのような感情は時に非常に強く見受けられる。降伏あるいは敗戦後の日本の軍人たちの誇りある死あるいは自殺は、この信念を証明している。はるか昔、封建時代から受け継がれてきた日本人の文化的精神遺産の一つに、武士たちの誇りある自殺の儀礼がある。この儀礼、教えは「切腹」と呼ばれ、外国人が「ハラキリ」と呼んでいるものだ。この教えは歴史の中で、武士の時代が終わり近代に入った後も日本の人々の文化に残っている。

カミカゼ

日本帝国軍の誇り高き戦闘の中でも最も輝かしい事例は、約四千人のパイロットによる「神風特別攻撃隊」作戦であり、戦争終盤にアメリカ護衛空母に対し自爆攻撃を行った。特攻隊員は自らの戦闘機をアメリカの艦艇に突撃させ、敵艦の破壊を試みた。特攻隊の戦闘機は通常の爆撃機であり、より多くのガソリンを積み、より多くの爆弾を装備していた。日本帝国軍総司令官からの指示であった。

作戦の目的は、太平洋のアメリカ艦艇の進撃を防ぎ、沈没させることで、敵軍を後退させることにあった。神風特攻作戦で約四千人の隊員が命を落とし、最終的には目的を達成できなかったが、三六隻の敵艦を破壊、沈没させ、三六八隻の敵艦に被害をもたらすことに成功した。作戦では約一万人の兵士が死傷した。「神風」は、一二七四年と一二八一年の二度の元寇を嵐によって敵を退け勝利した史実に由来がある。

日本：軍隊のない国

日本は敗戦後、様々な形で制約を受けた。その中でも最も屈辱的なものは、軍隊を保持する権利を剥奪されたことだ。アメリカ側は終戦後の日本国憲法第九条で、「戦争の放棄」と題する条項を設け、日本国民は国際平和を希求し、国際紛争を解決する手段として、国権の発動たる戦争と武力による威嚇又は武力の行使を放棄する、と規定した。さらに同条では、陸海空軍その他の戦力は保持しないとし、交戦権を認めない。このように敗戦国日本政府は軍を保持せず、「自衛隊」という名の制約された部隊のみを持つことを受諾した。自衛隊は当初、戦闘装備のある警察ほどの存在にすぎなかった。

憲法第九条改正の取り組み

戦後歳月が流れ、日本の多くの指導者が、この屈辱的な条項を削除しようと取り組んだ。九条改正へ向け、日本も他の独立国同様、完全な戦力部隊を持つべく、運動やキャンペーンが始まった。アメリカ側は常に、このような要求に反対した。しかし所見では、主な反対者と障害要因は日本の知識人階層であった。

このグループの見方では、軍事力を持つことはアメリカの安全保障の傘を失うこと、さらにはアメリカとの同盟関係による多くの経済的アドバンテージを失うことを意味した。日本の現在の政治制度は、損失を被ることはなく、反対に利益も得ているのである。パシフィズム、軍国主義回避と富の生産への集中という意味での平和主義は充分に国益を守り、それにより世界第四位の経済大国の地位を得ることができたのである。世界一三〇カ国以上で通用するパスポートを持ち、豊かで尊敬され、名声を博した社会を築いたにもかかわらず、なぜ再び刀を鞘から抜こうとする一部の「サムライ主義者」のために、攻撃的な軍を作り、これらの業績を失う必要があるのか？　という考え方である。よって日本人は、九条を守りつつも自衛隊を少しずつ強化し、その戦闘装備を増強し、陸上、海上、航空の各自衛隊を設けた。徐々に一つの完璧な軍となったが、名称のみ軍と名づけられなかったのである。

自衛隊の国外での任務

近年アメリカ側は日本に対し、国際社会の問題へのいっそうの関与を促してきた。そのため日本は国連平和維持活動（ＰＫＯ）に参画し、いくつかの国に自衛隊員を駐留させた。その中でも最も重要な任務に、イラク戦争への参画があげられる。参画は、アメリカ主導で行われた。日本政府は国外への派遣とイラク戦争への参画のため、国会での特別措置法案可決を余儀なくされた。参画は非常に限られたもので、後方支援部隊のみ派遣した。日本人は戦闘の場には足を踏み入れず、後方支援部隊をクウェートに駐留させた。また艦艇への燃料補給の任務を負ったが、それはペルシャ湾外での活動だった。

これが日本人の手法である。このような場合、聡明さと賢明さにより、アメリカ側をどのような形であれ満足、納得させようと努める。二〇一九年後半、トランプ政権が日本に対し、ペルシャ湾での有志連合に加わるよう圧力をかけた際、日本側は情報収集のための艦艇を一隻、ホルムズ海峡の外側に派遣した。日本側は、いわゆる危険にさらされた船舶の安全確保のためペルシャ湾内の領海に複数の艦艇を送り、アメリカ海軍の指揮下に参加することもできたが、実際はそうはしなかった。これはおそらく軍事行動が産業と貿易に損害をもたらすことを危惧してのことだったろう。これが、政治と貿易の融合・結びつきがもたらしたものである。換言すれば、政治が貿易産業に貢献する、資するということだ。日本は軍事産業で生計を立てることはしない。日本の産業や貿易が振興するのは平和があってのことだ。

別の理由として、日本国民は戦争に反対しており、国内世論は激しく反戦主義である。第二次世界大戦以降、粘り強く戦争反対を訴え続けてきた。そして外交の支柱として平和主義を掲げた。先制攻撃の軍隊を持たない、また国外に戦力部隊を送らない傾向は、たんにアメリカからの押しつけという問題ではなく、日本国民が求めているという側面が強い。今日の国内の思想や主義主張は、日本政府による軍備拡大や海外派遣を認めない。安倍晋三元総理大臣は、九条を改正することを公約に掲げた。しかし実現せず、謝罪した。謝罪の理由は、このような傾向や主義に打ち勝つことができなかったからではなく、アメリカを納得させられなかったからだ。アメリカ側は、憲法九条の根本的改正に反対の立場だが、国際的な軍事作戦の一部では寄与するような国内情勢を望んでいる。

表皮に隠れた屈辱感とノーと言える日本

経済発展とアメリカとの友好関係への日本人の愛着と指向について述べたのは、敗戦とアメリカの犯罪を一切合切忘却したという意味ではない。日本人の皮膚内には継続的な屈辱の感情が染

ガリバーフ・テヘラン市長による石原慎太郎都知事への表敬（2008年10月16日、東京都庁）

み込んでおり、それは言動の端々に見受けられる。元東京都知事で、『「Ｎｏ」と言える日本』の著者で有名な石原慎太郎氏のような何人かの人物が、この内に秘めた感情を露わにしている。

石原氏はナショナリストとして知られ、日本の傑出した政治家であり、政府要人であり、都知事と国会議員を数期務めた。日本の政界では、都知事の地位と役職は、省庁の大臣に劣ることはない。それどころか、首相より一段低いが、大臣より少し位は高いとみなされる。石原氏が都知事であった頃、氏と何度か面会した。

表敬訪問した最初の面談では、双方が着席し、数分の歓迎や儀礼的挨拶ののち、石原氏は私のスタンドカラーのシャツの襟元をじっと見ていた。氏は、「大使のノーネクタイのシャツが大変気に入った。この、欧米人が作ったネク

京都でのお茶会（2009年5月）

タイはいったいなんなのだ⁉」と言いながら、自らのネクタイに手をやり、すぐさまほどき、あたかも忌々しいものであるかのようにテーブルの上に放り投げたのだ！

石原氏は、日本の政界の尺度では強硬なナショナリストであり、反米の政治家だ。氏は前述の自著で、敗戦による苦々しい屈辱感を叫び、アメリカのレイシズムが、日本が鎮圧された主因であるとしている。アメリカは第二次世界大戦中、あれほどの空爆をドイツに行ったが原子爆弾は用いなかった。しかしアメリカ軍用機は日本に原爆を投下した。なぜなら我々が日本人だったからだ！と。石原氏は同著で、日本の産業貿易力の抑制におけるアメリカの偽善、アメリカの「日本フォビア」戦術に対する対峙の必要性、アメリカの権力の首輪から抜け出すための日本人の独創力と能力の活用などに論及し、日本は貿易摩擦の裏にあるアメリカの怨念的人種差別主義を決して忘れてはならないと進言している。「ノーと言える日本になろう」と。

アメリカの歴史と同じ古さの日本の茶碗

この隠れた屈辱感の別の事例を、京都を訪問した際に目の当たりにした。外務省が企画した在京外交団の地方視察ツアーで、私は京都を訪問した。京都は日本の文化の都であり、一八六八年まで政治の都でもあった。徳川幕府が終焉し、明治時代に入ると東京へと遷都された。京都は歴史遺産が数多くあり、「日本のエスファハン（一六世紀に栄えたイランの都市）」と位置づけられる。

ツアーの行事の一つに、茶会への参加があった。茶会は日本の伝統的かつ歴史的儀式の一つで、独自の慣例と道具を用いて行われる。主人、あるいは茶道の先生は、抹茶という緑茶を独自の手法と道具で煎れる。そして客人に美しい陶器の茶碗を差し出す。京都での茶会の師匠は、熟練の老齢の人物だった。茶会の所作をゆっくりと、息がつまるようなゆっくりさで進めた。

茶会の最後に主人は客人に語った。「お茶を飲んでいただいた茶碗は、それぞれ三〇〇年の歴史があるものです」。そして我々一行の訪問前に、アメリカの外交団が来ていたことを明かした。アメリカの外交官らに「これらの茶碗は、あなたの国の歴史より古いものです！」と言ったとのことだ。アメリカ人に放った重い皮肉を誇らしく思っている様子だった。

私はこの皮肉をその後何度か、日本人との会話でアメリカについて話す際に紹介した。日本人のほとんどが痛快の様子で、日本の茶碗がアメリカの歴史より古いことに晴れ晴れとした様子だった！　この話は、政府要人や政治家にも語った。イランの核問題やアメリカの制裁や敵視政策の話になると、私はこう語った。「日本の三〇〇年の茶碗と同じ長さの歴史がない国には、二五〇〇年の歴史のあるイランに対し、どのようなエネルギーは持つことができるとか、保有してはならないなどと言う権利はありません！」

京都での茶会ではもう一つ興味深い出来事があった。京都在住の数人の留学生が着物を来て客をもてなしていた。こちらの留学生たちはボランティア活動の一環で来られており、出身国も紹介した。ツアーガイドが、フィンランドからの留学生もいた。かつてフィンランドで大使を務めていた私にとって興味深いことだった。顔立ちからフィンランド人だと推測した私は、その留学生にフィンランド語で、「キートクシア（大変ありがとうございます）」と言うと、驚き信じられない様子でこちらを見て笑顔になった。フィンランド人はもともとシャイで無口な国民だ。

第八章　日本とイラン

イランと日本の外交関係

イランと日本の外交関係は約一四〇年の歴史がある。外交関係の出発点は、日本の明治政府の最初の使節団がイラン皇帝に謁見したこととみなされる。明治政府の吉田正春とその同行者は一八八〇年九月、ガージャール朝ペルシャのナーセロッディーン・シャー皇帝への謁見を行った。吉田はその旅行記『回疆探検ペルシャの旅』の中で、皇帝との会話について興味深い記述を残している。ナーセロッディーン・シャーは日本の発展と進歩の方法について好奇心を示し、多くの質問を投げかける。そして最後には、日本との好ましく良い関係を持つことに関心を示し、吉田に対し、この意向を日本の天皇と政府閣僚の一人ひとりに伝えるよう求める。

しかしイランと日本の正式な外交関係樹立は一九二九年まで待たなければならない。一九二九年在テヘラン日本国公使館が、そしてその翌年一九三〇年に在日本イラン公使館が開設された。私が東京に赴任していた時、外交関係樹立八〇周年を祝賀する行事を催した。第二次世界大戦は両国の外交関係を損ね、一九四二年に国交は断絶し、一九五三年一一月に再開した。日本政府は一九七七年、イラン南部のホッラムシャフルに総領事館を開設したが、一九八〇年「押しつけられた戦争（イラン・イラク戦争）」開戦と同時に閉鎖した。

イランとアメリカとの間での日本の大変な仕事

明治政府の最初の使節団がナーセロッディーン・シャーに謁見した当初から、彼らの任務は貿易関係を設けることにあった。その関係はのちの新たな時代に、双方向かつ補完的なものとなった。イランは日本製の製品を販売するマーケットとなり、他方で石油、すなわち戦略的に重要なエネルギーを日本に輸出した。より重要なこととして、イランはペルシャ湾岸地域における自由な航行の維持とエネルギーの自由な流通において、重要なアクターとなった。現在ペルシャ湾は日本経済にとっての生命線であり、輸入原油の九〇%以上が同地域から調達されている。日本にとってエネルギー安全保障は死活的に重要であり、と同時に産業製品を海外へと輸出販売する必要がある。イランは両分野において、日本の必要性に応えることができる。

パフラヴィー朝時代（一九二五年～一九七九年）の最後の数年、イランは日本の原油全消費の二一%を供給していた。一九七三年の石油危機後、イラン産原油の日本への輸出量は増え、一時、一日当たり平均八〇万バレルに達していた。一九七九年のイスラム革命後の一日当たり平均は六八万バレルへと推移した。イラン側にとって総輸出量の二〇%以上のシェアを占めた。イラン産原油のシェアは、二〇一〇年代には、アメリカによる制裁強化のため五〜七％に低下し、一五万から二〇万バレルの間であった。その後さらなる制裁強化のため徐々に低下の一途を辿り、最終的には核合意の成立から二〇一八年のアメリカの離脱までの期間をのぞいてゼロになった。

一方で日本はアメリカと戦略的同盟関係にある。日本の安全保障はアメリカへの同調と同盟と連結しており、それは前述した通りである。イスラム革命後のイランに対するアメリカの敵視政策、特に過去二〇年間におけるそれは、日本人に困難な状況をもたらした。それでも日本人は知恵を振り絞り、アメリカへの同調政策が対イラン同盟に帰結することのないよう振る舞うべく尽力した。ある意味での外交の「賢さ」、イランとの友好関係とアメリカとの同盟関係の間での均衡とバランス、日本人の流儀に沿った関係等により、自国企業の利益保障という日本外交の基本方針が維持され、

明治政府使節団団員の横山孫一郎氏（大倉組商会副頭取）の御令孫である、井川克一大使夫人が、ナーセロッディン シャー授与の「獅子と太陽」の勲章を大使館に寄贈される（2011年10月29日、イラン大使館）

アメリカとの関係を損なうこともなかった。このような振る舞いの例を、一九八六年の石油タンカー戦争において目撃した。戦場にあって唯一日本のタンカーのみが、ミサイルや戦闘機を恐れることなくペルシャ湾を航行していた。それはペルシャ湾における均衡のとれた日本の外交政策の賜物であった。

この外交方針のもう一つの事例は、二〇一九年トランプ政権がイラン・イスラム共和国に対する有志連合計画を打ち出した時だ。アメリカはペルシャ湾における航行安全を口実に、複数の国と連合を組んだが、それはイランに対する明らかな敵視政策だった。アメリカは日本に対し連合に同調、加盟するよう大きな圧力をかけた。しかし日本政府は回避し、その代わり個別に、連合とは別の形で、護衛艦と哨戒機を送った。それもペルシャ湾にではなく、ホルムズ海峡東方のオマーン湾にだった。

日本とイランと西側諸国の三角形

かつて、元外務大臣の高村正彦氏から、イラン、日本、アメリカの三角関係について興味深い話を聞いたことがある。私の在任中、日本イラン友好議員連盟会長であった同氏は、日本とイラン関係に重要な役割を果たしていた。氏の考えでは、日本とアメリカの関係が強固になればなるほど、イランとの関係も良くなるというものだった！　日本がアメリカと良好な関係を保てば、イランとアメリカの関係が良好でなくても、日本はイランと良い関係を築くことができるというのである。イランに関する外交決断の日本の力量は、アメリカと良い関係にある時の方がより高まるとのことだ。

日本はイランと西側諸国との関係の起点であり、同時に終点であると思う。イランと西側との関係で争いや揉め事が起こる時、揉め事に介入する最後の国なのだ。反対に関係が良くなると、最初に入ってくる国もまた日本だ。イラン核合意の経験がこのことをよく表している。岸田文雄外務大臣は核合意の交渉の開始とともに、さらには二〇一三年一一月のジュネーブ合意が最終成立する前に、テヘランを訪問した最初で唯一の閣僚だった。

そして二〇一三年一一月二四日ジュネーブ合意が成立すると、日本は経済関係再開に向けた、人道物資取引のための特別銀行口座（SPA）の開設に同調した唯一の国であった。山際大志郎経済産業副大臣を団長とする二一の大企業を同行させての日本側の経済ミッション団は、核合意（JCPOA）成立から一カ月も経たない二〇一五年八月八日にテヘランを訪問した最初の経済ミッション団であり、原油の輸入や日本の大企業とイラン側のパートナーとの経済協力が最初の経済活動の一つであり、実際に始動した。

大使館での勤務開始

私が東京での任務を開始した二〇〇八年二月頃は、イランに対する制裁の圧力が高まり、国連安保理決議や米欧などによる国際的制裁への合意づくりが、広範になされていた時期と重なった。アメリカは国際制裁に加え自国の単独制裁を、諸外国に対しても適用させようと圧力をかけていた。日本はこの圧力の第一線にさらされた国であり、最終的には、段階的な同調と追随を余儀なくされた。

在京大使館の第一義的目的や存在意義は、そのような状況下でもイラン産原油の対日輸出シェアと両国の貿易を維持することにあった。原油輸出と死活的に重要な日本製品の輸入維持は、日本の企業が一社また一社とイランから手を引いていた状況にあって、非常に重要であった。大変厳しい環境だった。経済、貿易の経路をできるかぎり開いておく必要があった。制裁解除後に、貿易や経済協力が急速にこの経路を基盤として始動する望みを捨てずにだ。政治・外交関係の維持は、このために必要不可欠な条件であり、だからこそ日本の政府関係者と温かい関係と連携を絶え間なく持っておく必要があった。政府高官、外務省の上級幹部から国会議員に至るまで、常に間断なく会い、対話を継続する必要があった。

日本外務省の仕事のしきたりと手法

日本外務省におけるイラン関連の業務は一つの課では完結しなかった。日本での政策意思決定プロセスは、「下から上への決定」の手法が採られている。下から上への決定プロセスは、最終的には日本語で「稟議」と呼ばれる合意形成に結実する。このプロセスにおいては、ある議題におけるすべての関係者は決定に関与する必要があり、各決定は何度か見直しと再検討がなされる。

イランについて政策決定を追求する場合、中東第二課イラン班の事務官からプロセスは始まり、その見解や提案が上へと伝えられる。それはまだ、事の始まりにすぎなかった。次に中東アフリカ局が見解を述べる必要があった。その後関係するすべての部局の意見を集約していく。北米局はイランに関する政策決定においての要であり、例えば誰それの高官がイランを訪問すべきか否か、イランからの代表団を受け入れるべきか否か、必ず意見を求める必要があった。北米局の見解は時には決定的に重要なものであった。

次のステップとして他の省庁に見解と了承を求めるのだが、経済産業省と財務省は主要な省庁だ。最終的にはこのプロセスを経て決定草案が大臣と総理に提出される。大臣と総理は通常、事務方官僚組織の決定を受諾する。このような決定システムにあって、名前をあげたすべての部局や省庁と関係や交流を持つ必要があった。大使館における仕事の重要な部分の一つに、情報提供とレクチャーのための継続的な面談があげられる。まさに前述した「思考の継続的栄養補給」である。

それでも外務省とその他の政府機関との調整が充分に行われ、イラン側の期待通りに仕事が進むわけでは必ずしもない。基本的に日本は、在京外交官の活動には開かれた社会であり、諸外国の外交官には、面談や連携、協議をする上での制約はない。国会議員や企業関係者と直接交流を進めることは困難なことではない。もちろん国会議員や企業幹部もまた、外務省や政府機関と事前調整しており、主張や見解は最終的には政府のそれと同一のものであった。

日本外務省は政府機関や民間セクターの海外との案件や関係のすべてを把握している。しかしそれは外交官に制約をかけるためではなく、国内の調整システムを通して民間セクターをも同調、追随させるためなのである。通常、各国外交官と面談や協議をするその団体や企業、個人が事前に外務省に連絡し、情報や助言などのレクチャーを受ける。したがってどの要人であろうと、どの国であろうと、日本の外交政策を迂回することはできない。しかし在京の外交官は幅広くロビー活動をし、関係維持と日本側の理解を得ることにより、目標へ向けて継続的に進めることはできる。

制裁下での日本外相のイラン訪問

すでに述べた通り、私は大使として日本の政府関係者や政治家と友好的で温かい関係を築いていた。大使館政治部での取り組みを開花させた、その結実の一つに、イランに対する厳しい政策と経済制裁の最中の日本国外務大臣のテヘラン訪問があげられる。

ヨーロッパ側諸国が外務省の一人の担当課長をもイランへ送らなかった、あるいはイランから受け入れなかった、制裁と政治的制約下で、日本の関係者との集中的な協議と交渉を重ねた末、中曽根弘文外務大臣が二〇〇九年五月テヘランを訪問したのだ。アメリカとヨーロッパの制裁と政治圧力が刻一刻と強化されていた喧騒の中にあって、日本は外相をイランへ送った唯一の国だった。

佐々江外務審議官との協議

外務大臣のテヘラン訪問を日本側に説得することは容易ではなかった。政府関係者、とりわけ佐々江賢一郎外務審議官との一連の協議と詳細な政治的連携により、可能となった。日本外相のテヘラン訪問は、二国間関係に資する動きであり、日本外交を損ねないことはもとより、日本の国際的信用を高めることにさえつながると日本側を説得すべく努めた。

外交官が接受国に対し論理的に説明し、その措置が外交官派遣国の一方的国益追求のためではなく、両国にとっての双方向の国益にかなう動きであることを説明し説得できるか否かが、外交の世界での鍵となる。この場合特に日本側が納得する必要があり、実際その通りになった。すなわち日本側は、外相のテヘラン訪問は二国間関係に資するものでもあり、アメリカとの関係を損ねるものではなく、有益ですらある。さらには国際場裡における日本のプレステージを高める上でも成果をあげられるとの結論に至った。

ノンアルコールビール

佐々江外務審議官とは数次にわたり面談や意見交換を重ねた。その最後が夕食会だった。佐々江氏はプロフェッショナルかつベテランの上級外交官であり、後に駐米大使を務めた。ある時私は氏を大使公邸での夕食会に招待した。その前に招待した際、テヘラン訪問の思い出を語ってくれていた。佐々江氏にとっての興味深い経験は、ノンアルコールビールだった。氏ははっきりと、私はよくビールを飲むと言っていた。それは多くの日本人に広く普及している習慣だ。

しかしテヘランではアルコール抜きのビールを飲むしかなかったが、実は通常のビールとそんなに違いはなく、とても美味しかったようだ。そのことを佐々江氏は奥様にも語っていて、「もうビールはやめてノンアルコールビールにしたら」と勧められたとのことだった。佐々江氏のテイストや好みを知った私は、テヘランからノンアルコールビールを取り寄せた。当時はイラン航空のテヘラン－東京便が運行していた。直近のフライトで二箱分のノンアルコールビールを取り寄せた。一つはシンプルな味、もう一つはフレーバーのついたものだった。佐々江氏のためにとっておき、その夜ノンアルコールビールでもてなした。佐々江氏は自分のためにテヘランから取り寄せてくれた事実にとても驚き興奮し、満足しながら飲んでくれた。ただ、モルトのシンプルなノンアルコールビールを好むと語っていた。

その場で外相のイラン訪問の話と予定が決まった。公邸を去る時に、残りのノンアルコールビールも、その他のお土産と一緒に車に積むよう手配した。もちろんここで強調すべきことは、外相のテヘラン訪問が日本側に受諾されたのは、多くの政治的論理立証と長い期間をかけて様々な要人に行った継続的なレクチャーの結果であり、ノンアルコールビールは最後の面談の雰囲気を和らげるものにすぎなかったということである。

二〇〇九年五月という訪問のタイミングも非常に重要であり、もう少し後にずれていれば、おそらく決して実現しなかっただろう。なぜなら、その一カ月後に二〇〇九年大統領選が行われ、皆が知っている一連の出来事（大規模な抗議デモ）が起こったからである。外交における遅延は常に害をもたらす。機会とチャンスを逸しないことが重要な原則である。中曽根大臣の訪問は絶好のタイミングで実現し、二国間関係に好影響を残した。イラン政府はこの訪問に大変満足していた。

イランとの核交渉への日本の参入

イランの原子力計画に関する交渉の舞台で役割を果たすよう日本側に促すことは、着任当初からの優先課題であった。着任後も、核交渉の最新の状況と、どこで行き詰まっているのかは、常に頭の中でアップデートされていた。このテーマには積極的な対応をしていた。数々の面談や講演で、またインタビューで、イランの原子力平和利用計画とその目的、イスラム革命前から今日に至るまでの計画の流れや過程、国際法の基準との適合性、そして交渉におけるイラン側の誠意と善意について幅広く説明し、イランの立場を詳述していた。

着任から一年間で少なくとも一〇回の講演と四回の記者会見を行った。新聞をはじめとするメディアとの五つの単独インタビューにも応じた。そして朝日新聞に小論をも寄稿した。日本側は関心を持って私の話に耳を傾けていた。私はすべての話の中で、日本はすべての当事国、とりわけイランと友好関係にあるがゆえに、この事案の解決に一役買うことができるという点に言及した。さらに、日本はアメリカと同盟関係にあるが、イランとも友好的な信頼関係を築いていること、それゆえ日本が舞台に参入し、その役割を果たす大きな潜在力があることを強調した。

二〇〇八年、ジャリリ氏とソラナEU共通外交・安全保障政策上級代表との面談の前に、日本外相はジャリリ首席交渉官と電話会談を行い、東京での「ジャリリ－ソラナ会談」の可能性も提起された。しばらくして、テヘラン研究用原子炉の燃料供給のための燃料交換案も提示され、日本が核交渉の舞台に参入するための環境が整った。

テヘラン研究用原子炉の燃料交換案

二〇〇九年秋のイランとP5プラス1（国連安保理常任理事国の中・仏・露・英・米と独の六カ国）との核交渉の駆け引きと緊張の中で、テヘラン研究用原子炉の燃料提供が議題となった。同年イラン政府は、「アルゼンチンから購入した燃料が底を突いてしまうことから、原子炉の燃料提供を求めている」と発表した。他方、西側諸国はイランの低濃縮ウラン（約三・五％）の貯蔵量増加への懸念を表明していた。貯蔵量はその段階で、約一二〇〇キログラムに達していた。三・五％の濃縮ウラン一トン当たり九〇％以上の高濃縮を継続すれば、核兵器一つを獲得できる、と言われていた。この二つの難題の辻褄合わせ、すなわちイラン側のテヘラン原子炉燃料の必要性と、西側諸国の懸念払拭を同時に解決するため、一つのアイデア、すなわちイラン側の三・五％

の濃縮ウランを、テヘラン原子炉に必要な一九・七五％の濃縮燃料と交換するというアイデアが浮上した。

まず、国際原子力機関（ＩＡＥＡ）の管理と協力のもと、イランで生産された低濃縮ウランを濃縮度を高めるためいったんロシアへ搬出し、その後燃料生産のためフランスへ輸送する案が交渉の議題に上がった。二〇〇九年一〇月、エルバラダイＩＡＥＡ事務局長の管理のもと、イラン、ロシア、フランス、アメリカの実務者がウィーンで同案について協議したが、合意には至らなかった。理由は、イラン側の西側に対する不信感だった。保証がなかったため協議は決裂した。懸念はこういうものだった。「我が国のウランを国外搬出したにもかかわらず、燃料を引き渡されなければどうなるのか？」そこに保証はなかった。

ジャリリ氏の訪日と、燃料交換案

この実現には至らなかった議論と同時並行で、サイード・ジャリリ国家安全保障最高評議会書記が二〇〇九年一二月に訪日した。同氏の訪日は日本側が計画立案していた。日本外務省には、政府高官や要人招待において、各国との公式往来に加え、定期的に「オピニオンリーダー」として政府高官や政治家を招聘するプログラムがあり、政府賓客として招待し、その際、日本側が渡航費や滞在費等を全額負担する。ジャリリ氏もこの特別枠で招聘された。しかし我々はこの機会を捉え、これを公式かつ実のある訪問へ転換すべく力を注ぎ、実際その通りになった。ジャリリ氏は総理、外相、そしてカウンターパートと会談した。氏の国家安全保障最高評議会書記兼核交渉団団長としての地位と立場が、日本側の温かい歓迎の要因となった。

訪日中、私の提案により、日本の原子力専門家との面談、原子力発電所の視察などのスケジュールが組まれた。その原発とは東京電力柏崎刈羽原子力発電所のことで、かつて私自身、日本の友人の仲介で個人的に見学していた。氏が直に日本の原発を視察すること、そして制裁下の、かつイランに対する非常にネガティブな宣伝工作の環境下で、国家安全保障最高評議会書記が国外の原発を視察するという、興味深いスケジュールだった。

燃料交換のための日本側の不成功に終わった案

すでに日本側との対話が、交渉の場への参入と役割を果たすことを促していた。実現しなかった燃料交換案を佐々江外務審議官に持ちかけた。「他の諸外国は信頼できないので、信頼のある日本が交渉の場に入るのが良いと思う」佐々江氏もこの案を気に入ってくれ、案件は真剣にフォローアップされた。日本側はしばらくしてから、まさに日本人の正確さと緻密さで、段階的なロードマップを策定し、案を完成させて持ってきた。日本外務省はアメリカ側のゴーサインも得ていた。

ジャリリ氏の訪日の際、日本側はその案を提示した。内容は「イランの低濃縮ウランを日本側が受け取り、その代わりにテヘラン原子炉のための二〇％濃縮燃料をイラン側に引き渡すことを保証する」というものだ。残念ながらここでも不信感が中心的議題となり、ジャリリ－佐々江会談は成果を上げなかった。面談後、懸念と不信感払拭のための提案をジャリリ氏にし、「これらを佐々江氏に直接伝えさせてほしい、もしかしたらこの方程式なら問題をまとめられるかもしれない」とお願いした。ジャリリ氏の了承を得ることができ、すぐに外務省へ戻り、佐々江氏は即座に時間を割いてくれた。面談し、その案を持ちかけた。しかし結論には至らなかった。双方とも相手側のアプローチを受け入れることはなく、私の案も功を奏しなかった。

しばらくしてから（二〇一〇年四月）、トルコとブラジルが同様の案で交渉に参加してきた。両国の案の概要はこうだ。「イランから一二〇〇キログラムのウランを国外搬出し、IAEAの管理のもとトルコで保管する。一年以内に西側がテヘラン原子炉の燃料を提供しなければ、トルコはウランをイランへ戻す（燃料生産のためには一年間かかると主張）」というものだった。しかしトルコ側の約束を保証するものは提示されていなかった。

イラン、トルコ、ブラジル三カ国の交渉がテヘランの最高評議会事務局で行われ、最終的には二〇一〇年五月末に最終合意に至り、共同声明が発出された。トルコ首相とブラジル大統領がイランを訪問し、アフマディネジャード大統領と合意を祝賀し、手を高くあげた。しかし核交渉の当事国でない部外者がゲームに介入することを、中国とロシアを含むP5プラス1が許さないという現実を忘れていた。トルコとブラジル首脳のイラン訪問時に、西側は燃料交換案に失望していたため、国連安保理で制裁決議案第一九二九号を進めており、ロシアと中国側の賛同と承認も

ジャリリ・国家安全保障最高評議会書記による鳩山由紀夫総理大臣への表敬
(2009年12月22日、首相官邸)

得ていた。すべてのプロセスは完了していたのだ。まさに決議案が採択されようとする時、三カ国合意は署名された。P5プラス1は三カ国合意を重視せず、その数週間後の二〇一〇年六月九日、決議案一九二九号をロシアと中国の賛成票により採択した。

日本もまた当時、安保理非常任理事国であり、同決議案に賛成票を投じた。しかし同時に三カ国合意の履行を支持する立場も表明した。「悪魔の決議」一九二九号採択後、当然ながら燃料交換の話は完全にだめになった。のちに、当時原子力庁長官を務めていたサーレヒ氏から聞いたことだが、イラン・イスラム共和体制の上層部の間では基本的に、同合意と保証なしのウラン国外搬出に対する好意的な意見はなかった、とのことである。

鳩山由紀夫総理への歴史的親書

民主党政権誕生により二〇〇九年九月一六日、かねてより友好関係を築いていた鳩山由紀夫氏が日本国内閣総理大臣の座に就いた。総理としての在任期間は九カ月だった。氏は自ら言うところの、沖縄県普天間米軍基地の移転を巡る公約を果たせなかったため、二〇一〇年六月八日に辞任した。

鳩山政権の最後の時期は、国連安保理決議一九二九号採択へのアメリカの取り組みの時期と重なっていた。テヘランとニューヨークで行われていた採択を阻止するためのもう一つの取り組みへ向けて、総理への親書を認《したた》めることにした。一国の大使が赴任国の行政府の長に親書を書くのは、およそ通例のことではなく、外交慣例に反することではある。しかし氏と築いていたそれまでの友情が、親書を送る許可を私に与えてくれていると考えた。親書の内容については、熟慮を重ね、さらには高位の立場にある日本人の友人にも相談した。数年間の日本駐在のすべての経験を生かし、心に残る文章を綴るようにした。鳩山総理のアイデアを生かし、総じては日本の政治家、とりわけ鳩山氏個人の心に訴えかけた。

親書の日付は二〇一〇年五月二六日で、日本がイランの石油産業に参入するきっかけとなった歴史的事件への言及から始めた。日本人は自らの歴史的経験に深く留意しており、それらから教訓を得ている。とりわけ父親や祖父の足跡が関係している場合には言うまでもない。

〈総理大臣閣下、一九五二年五月、石橋正二郎氏の自宅にて、同氏、日本政府高官、企業幹部

と、イラン側からの首相特使との間で重要な協議が行われました。当時イランは石油国有化を行い、イギリスは世界の六大石油会社と手を組み、国際的な石油市場からイランを締め出していました。日本もまた、自国の経済発展のために非常に石油を必要としていました。上記の協議の結果、当時小さな会社だった出光興産が、イギリスの制裁に反してイランとの原油購入契約を締結する任務を負いました。一九五三年五月九日に日章丸という出光の石油タンカーが、イランの原油を満載し川崎港に入港しました。その日、東京地方裁判所において、イギリス側（アングロ・イラニアン石油会社）は、この積荷の所有権の提訴を取り下げました。

一九五三年の日章丸事件は、日本史において重要な史実として記されており、それ以降今日に至るまで、イラン産の原油は日本の経済発展に重要な役割を果たしてきました。その当時の日本の指導者たちの英断により、日本にとって重要なエネルギーの安全保障が確保、維持されることになりました。一九八七年のペルシャ湾における戦争時においてさえも、唯一日本の石油タンカーが、完全な保全のもと自国への原油の輸入を行っていました。〉

続いて、イランの原子力平和利用計画の目的について簡潔に説明するとともに、総理に対し、日本企業によるイランの原子力分野への参入を促した。

〈今回もエネルギーの課題が提起されておりますが、原油ではなく原子力に関する問題です。イランは自国の経済成長のために、第一に原油輸出による収入をインフラ整備に対する投資に当てる必要があります。第二に、国内消費をまかなうために、環境保全に適した、さらには地球温暖化につながらない新エネルギーを求める必要があります。したがって、イランの原子力エネルギー開発計画は完全に平和利用を目的としており、今後も逸脱はしません。同計画によれば、イラン政府は今後一〇年間で少なくとも二万メガワットの電力を原子力により発電することを目指しており、そのためには一〇～一五基の原子炉の建設を必要としています。イランの人々にとっての日本企業の高いクオリティー、信頼性、名声は、貴国の企業のイラン進出のための条件を満たすものです。日本の指導者の勇敢な政治決断と外交官の創造的なアイデアにより、イランの原子力産業への日本の進出が長期的に保証され、イランと日本との二国間関係のための明るい将来を描くことができると考えます。〉

そして、対話路線におけるイランの善意と誠意に言及しつつ、対イラン制裁決議を採択させようとするアメリカの取り組みに関する、要のテーマに入っていった。

〈イランは、日本が昨年イランへ提示した提案とまったく同じ内容のトルコとブラジルの提案を受け入れることにより、善意を示し、協力と対話の新しい時代へ向けた道を開きました。このことは、閣下がイラン・イスラム共和国アフマディネジャード大統領へ宛てた二〇一〇年四月一六日付の親書の中で言及されていた、「国際社会の疑念を払拭すべく積極的に取り組むことの重要性」に基づいて行われました。残念ながら、イランの善意は、アメリカ側の驚愕すべき回答に直面しました。同国は、国連安全保障理事会におけるイランに対する新たな制裁決議を追求しています。追加制裁決議の採択は、イランの原子力開発という課題の平和的解決の道を塞ぐことは間違いないでしょう。
制裁という政策は敗滅した政策であり、何年も昔のものです。これは、一国の国民が完全に平和裡に行っている科学技術の進歩ゆえに裁きを受けるという点で、まったく不公平なことです。国連安保理は、イランがNPT核拡散防止条約に基づく自らの責務に反した措置を何ら行っていないにもかかわらず、イランの国民に対して制裁を科しています。私は「友愛」の哲学に心から敬意を表します。そして、いかなる制裁も、根本的に友愛の精神に反していると考えます。友愛は善意に基づいており、世界を良い方向へと導くものです。それに対し制裁は悪意に基づくものであり、諸国民を相互の敵対へと誘導するものです。〉
続いて核兵器の最初の被爆国日本の歴史的責任に言及した。
〈アメリカ合衆国の新たな核戦略をご覧になってください。イランはあからさまに核兵器による攻撃の脅威にさらされています。核兵器を保有する国が、自国の国益に基づき、他国に対して核兵器の使用による脅威を与えることを自らに許しているのです。このことは極めて恐ろしく危険なことです。日本は世界で最初の被爆国でありますが、世界史において最後の被爆国でなければなりません。残念ながら歴史が示すところでは、制裁は、もっぱら自己中心的な国益に基づいて決定しようとする人々に対して、総じては軍事力を行使する上で、具体的には核兵器を使用するためにふさわしい口実を与えています。中には、イランの原子力計画が緊張と紛争の方向へと誘導されることを望む、あるいはそれが国益にかなうと思われる国もあります。ご承知のように緊張状態の続く中東地域においては、新たな緊張を受け入れる余力はなく、それが勃発した際にはすべての国が損失を被ることでしょう。〉

親書の最後の箇所で、再び鳩山総理の別のアイデアについて言及し、日本がイランの原子力計画において精力的かつ創造的役割を果たすことへの期待感を述べた。

〈威嚇と制裁ではなく、対話と尊敬に基づく世界の創出という理念に、私は心から感銘を受けました。この理念は、イランによる日本に対する新たなアプローチに結実しました。鳩山内閣総理大臣閣下の指導のもとでの日本新政府のイランに対するアプローチは、賢明なアプローチでありました。私は、現在の危うい情勢の中にあって、貴国がイランの原子力計画において積極的かつ創造的な役割を果たされることを望みます。イランとの原子力協力においてトルコとブラジルの国名の隣に日本の国名がないことは残念なことであります。いずれにせよ、重要なこととして、今もなおイランと日本、そして国際社会には、協力と信頼醸成のための大きな機会が存在しております。〉

親書は、ニューヨークでの制裁決議一九二九号採択の流れを阻止する目的で執筆し、日本がアメリカの密接な同盟国として、また当時の安保理非常任理事国として、この案件に参入するよう促すことを試みた。残念ながら、鳩山総理を取り巻く政局は当時良い状況になく、総理が親書を受理した時には、すでに辞任を検討していたようだった。鳩山総理の辞任と、日本国内でのアメリカとのより緊密な関係を志向する保守主義の流れの台頭、さらには安保理決議一九二九号の採択という中で、二国間関係を重い雰囲気が覆い、事態は本当に厳しくなった。数カ月後には日本の大手銀行はイラン側との取引を停止、株式会社ＩＮＰＥＸはアーザーデガーン油田プロジェクトから撤退し、さらにトヨタ自動車株式会社はイランとの全商取引を停止した。そのほかの企業もまた多かれ少なかれイランでの活動を縮小、あるいは停止した。

二国間関係が損なわれる速度を少しでも遅くするため、私は短期間で外務省や国会、また影響力のある団体の様々な幹部との一五回以上の面談を行った。さらにはジュネーブでのＩＰＵ会議の際の両国国会議長の面談、カブールでの国際会議の際の両国の外相会談、大統領の共同通信や読売新聞とのインタビューなどが設定され、全体としてその厳しい環境下での二国間関係の管理のための取り組みが行われた。

経済分野

本章の冒頭に述べた目標達成のため、とりわけイラン産原油の日本への輸出継続のため、経済分野では外務省、経産省、財務省、その他の官庁等と緊密な連携をとっていた。しかし日本では、経済協力推進のためには政府関係者とのやりとりだけでは充分ではない。日本では経済分野の最大の発言権は民間セクターにあるからだ。政府関係者の前に承諾している必要があるのが、民間セクターである。

原油の対日輸出国であるイランからすれば、すべての石油・石油化学関連企業は特別に重要だ。イランに対する工業製品の輸出元であった大手商社や産業関連企業もまた、それぞれの立場で重要なことも明らかだ。それらの一社一社と関係を築き、その中の要の人物を把握し、繰り返し「情報の栄養補給」を行う必要がある。と同時に、この中にあって経団連と日本商工会議所との関係も非常に重要であった。

民間企業や貿易団体の中には、それまでの経歴やイランでの駐在や出張の経験ゆえに、イランに対して特別な関心を示す関係者もいた。彼ら、彼女らと特別な関係を持つ必要があった。その中でも非常に興味深い人物がいた。日揮ホールディングス株式会社（JGC）という石油ガス石油化学産業分野での有数のエンジニアリング企業の当時の会長、重久吉弘という人物だ。重久氏はイランとペルシャ湾岸アラブ諸国へ何度も訪問しており、イランとペルシャ湾岸地域に対し特別の関心を抱いていた。イランと中東では、「シゲヒサ」の代わりに、「シェイフ・イーサー（シーア派聖職者の名前）」と呼ばれていたほどであった！　本人も、そう呼ばれることを喜んでいた！

商社や工業関連企業、銀行との交流は非常に多く持った。企業の幹部とは定期的に面会し、会食に招待することもあり、懇談や雑談を楽しんだ。彼らに対し、制裁解除後の明るい展望を持って、経済・技術協力や貿易のポテンシャルを描き示した。大使館の外交官に対しても、各自のレベルにおいて、私の外交のやり方で対応するよう指示していた。大使館の経済担当官はほぼ完璧な、各企業のトップや幹部のデータベースを作成していた。企業の幹部と会う必要があるたびにデータベース上で氏名を検索し、必要な情報を得ていた。特にイラン本国からの代表団が訪日する際、その代表団にふさわしい企業関係者を見つけだし、面談アレンジやレセプションへの招待の際に活用していた。そして私の秘書が関係者へ連絡し招待していた。

ロビイストグループもまた日本では大きな役割を果たしている。非常に良い関係を築き、個人的にもその理事長と友情を結んでいた団体の一つに、「民間外交推進協会（ＦＥＣ）」があげられる。ＦＥＣはイラン側と交流のあった日本企業の幹部を会合に集め、私が講演等を行っていた。また、イランから経済界の要人が来日した際には、ＦＥＣは同様の会合を設けてくれた。会合は通常、一流ホテルでのワーキング・ブレックファーストの形で行われ、日本側の企業幹部が参加し、イラン側と意見交換や質疑応答などを行った。通常この種のミーティングは成果のあるもので、日本側がイランの実像や動向を知る上で有益であった。時には、このような会合の場で、イランとの関係で日本企業が抱えた問題や生じた支障が解決されることもあり、経済協力に結びつくことさえあった。

口座内の預金を空っぽにせよ！

核にからむ危機とアメリカの圧力が頂点に達し、日本は対イラン制裁に追随せよというアメリカの要求に応じざるを得なくなり、二〇一〇年九月三日、一連の制約をイランに対し科した。この制約は制裁とは名づけず、「イランに対する国連安保理決議の履行に付随する措置」と称した。

すなわち、国連安保理決議一九二九号を補完するためにとられた措置であった。
その措置の一つに、イラン関連の口座凍結があった。これらの措置が講じられる前に、あるルートで同措置を知り、すぐさま日本に口座を保有している諸機関に伝え、よって口座凍結の前に残高をゼロにし、日本国外の口座に移すことができた。前述した通り、平時の環境下で培われた友情の真価は危機的状況下で発揮されるものだ。

石油タンカー再保険

問題解決のための大きな措置に、石油タンカー再保険があった。アメリカによる石油制裁は、日本をはじめとするイラン産石油の買い手・輸入国に対し、六カ月ごとに二〇%輸入量を減らすよう強いていた。しかしアメリカによる別の制裁や、保険会社に対する圧力により、イランの船舶や石油タンカーに対する保険サービスはもはや提供されなくなっていた。これは大変な難題だった。

日本はまだイランから原油を輸入していたが、保険に入っていないタンカーの入港は禁止されていた。イラン政府はイラン保険会社を代替させたが、問題は、起こりうる事故が何十億ドルもの巨額の損失につながりかねないことであり、その補償は国際的信用のある保険会社のみ可能で、イラン系企業はまだこの試験の合格点に達していなかった。そのため日本はイランのタンカー受け入れを避けていた。

重大な問題であった。多くの意思疎通が図られ、ロビー活動が行われた。日本で払っていた努力のほぼすべてを一〇カ月の間に使い、最終的に日本政府は想定内の損害補償のため最大七六億ドルの予算を充てることを決断した。実際のところ、日本政府自らが民間企業に代わってイラン系タンカーの損害保険を引き受け、肩代わりする形となった。この政府決定により、イラン系保険会社の証明書が国土交通省を通じて発行され、イランのタンカーや船舶が同企業の保険適用を持って、日本に寄港することが許可された。こうして日本への原油輸出と主に機器類であった日本製品の輸入は継続されることとなった。

イランとの人道物資取引のための特別口座

私の在任中の、さらにはその後の、日本との政治的かつ経済的なチャンネルを開くための取り組みは、核問題の交渉中、そして核合意成立後、実を結んだ。二〇一三年一一月のジュネーブ共同行動計画（JPOA）暫定合意後、日本はイランとの経済関係再開へ踏み出した唯一の国だった。国連安保理とアメリカによる制裁がまだ解除されていない状況下で「特別口座（SPA）」を開設し、イランとの人道物資貿易取引のための法的かつ実効的なスキームをつくり、実際当時の状況下で非常によく機能した。

興味深い点として、このスキームによる日本側の恩恵は少なく、他の海外諸国の企業がより多く活用したということだった。日本側からは、富士フイルム一社のみが、それも一度だけこのスキームを活用したのである。その理由としては、日系企業の過度の保守主義や慎重さという企業文化があるのかもしれない。

非石油製品の輸出

石油製品以外のイラン産対日輸出増加への取り組みは、在任中の計画の中心であった。その主要な品目として、ペルシャ絨毯、次にピスタチオ、サフラン、ザクロなどの食品があげられる。優先的プランとして、イラン産品の見本市開催への後援、そのために大使館のホールを貸与すること、イラン産品や輸出業者紹介のため、大使館の潜在力や信用を活用すること、日本の関係当局者との公式面談、そしてイランからの輸出増加へ向けたあらゆる取り組みがあげられる。ある時イラン人のザクロ輸入業者が、届いたばかりの何トンもの最高級のザクロを大使館に贈呈してくれた。そのすべてを二個ずつに小分けし、日本のスタイルで綺麗に包装し、政府高官や政治家に贈呈品として送ったこともあった。

大使館主催の見本市や展示会の他に、大使館のホールでの展示会開催を要望してきた、信頼のおけるイラン人ビジネスパーソンにはホールを貸した。一番多く開催された展示会は絨毯展で、おそらく月に一度は大使館や大使館の外で絨毯の展示会やセミナー、研修プログラムが開催された。日本では二つの絨毯協同組合が活動している。「ペルシャ絨毯協同組合」と「ペルシャ手織カーペット協同組合」だ。二つの間のライバル関係、時には喧嘩は、それ自体語るべき点が多くある。駐日イラン大使や大使館との関係もまた、二つの組合間の口論のもとになった。

私は二つの組合と同等の関係を築き、同等の重さで交流した。それぞれ独自色があり、それぞれの立場で役割を果たしていた。ペルシャ絨毯協同組合の方が歴史は古く、理事長は日本の社会で名声を得ていたダーラー・ベヘラヴェシュというイラン人であった。在任中のもっとも重要かつ盛大に開催された展覧会は、横浜のシルク博物館で開催された「ペルシアシルク絨毯の世界」展であり、アハマド・ショベイリー氏が理事長を務めるペルシャ手織カーペット協同組合との共催だった。同展覧会については文化行事の節で後述する。

二〇一〇FIFAワールドカップの記念絨毯

別の興味深い案件に、「二〇一〇 FIFAワールドカップ記念絨毯」の製作があり、東京在住のある絨毯業者がその音頭をとっていた。絨毯の図柄・デザインはワールドカップに相応しいもので、ホセイン・カーゼミ・ハーメド氏が製作した。この絨毯の織りはじめの式典を大使館で開催したところ、五人の国会議員をはじめ一八〇人の来賓が出席してくださった。国会議員は一人ひとり、縦糸に結び目を作り、その作業をとても楽しんでいた。二五六色、二百万以上の結び目がある絨毯織りは完成までに二年かかり、この期間に日本各地で展示された。

ホセイン・カーゼミ・ハーメド氏による「2010 FIFAワールドカップ記念絨毯」製作

サフランで治癒しない痛みはない！

もう一つのイランの名産品にサフランがある。サフランに関しては非常にすばらしい取り組みが行われ、イランのマシュハド医科大学と日本の千葉大学が共同で研究をしていた。日本における薬草市場は、諸外国と同様に良好な市場である。九〇％は輸入品で、興味深いことにそのうち八〇％は中国から輸入されている。日本では常に、中国からの生薬原料とりわけ医薬品の輸入に依存し続けることは、将来問題が生じるという懸念があった。よって、輸入先や輸入資源の多角化を図っている。

両大学がイランと日本企業からの資金調達により行った取り組みは、サフランの薬または食品としての効能を消費量の多い日本市場に紹介し、その使用を日本の文化に根付かせることだった。二〇〇八年一〇月一〇日、イラン大使館と千葉大学主催の合同セミナー「ペルシャの薬草とサフラン」が、一五〇人以上の参加者のもと大使館にて開催された。日本側の専門家や輸入業者の歓迎ぶりは前例のないもので、大盛況のあまりセミナー会場の通路に補助席を並べ、参加者で埋め尽くされたほどであった。

千葉大学からは、環境健康フィールド科学センターの池上文雄教授による「ペルシャ伝統薬草の現地調査を踏まえた今後の展望」についての基調講演、また融合科学研究科の安藤昭一教授による「イランと日本によるペルシャ薬用植物資源の研究と開発」についての講演があった。研究調査では、ダマーヴァンド山の麓に自生する植物が薬用資源として利用可能であるとのことだった。

さらに六件の講演が行われ、私も開会の挨拶をした。参加したイラン人研究者や大学教員は、サフランの薬用効能について詳細な説明を行った。サフランで治癒しない痛みはもはやないとのことだった！　続いて、学術研究および産業・貿易振興の両面から熱い議論と意見交換が行われ、日本人の習慣に反して予定終了時刻が一時間オーバーしたほどであった。イラン貿易促進機構副長官もセミナーに出席した。講演の合間のコーヒーブレイクでは、サフランを使ったお茶や菓子を、セミナー終了後は、ケバブとサフランライスを振る舞った！　数年後もまた同様のセミナーが開催された。

世界で最も人気がある日本人観光客

観光交流促進が、在京大使館のもう一つの目標であった。当時の統計では、年間約一六〇〇万人の日本人が観光旅行に海外を訪問していたが、その中でイランのシェアは残念ながら非常に微々たるものだった。どんなに頑張っても、そのうちの一%、一六万人をイラン旅行に集客できれば良い方だった。日本人観光客の多くは貯蓄のある高齢者であり、その貯金の一番の消費先は、観光旅行であった。彼ら、彼女らは文化的魅力のある新しい目的地を求めていて、ヒジャブ(ムスリムの女性が頭髪を隠すために用いるスカーフ状の布地)の順守やアルコール禁止などはまったく問題なかった。

通常日本人はどの地を訪れても、自らの行動規範に加え、その国の価値観や規範習慣をも守ることが自らの義務であると考える。日本人はまさにこの独創性と振る舞いにより、世界の旅行者の模範的存在となっている。金持ちで礼儀正しく、法やルールを守り、他人に危害を加えない旅行者だ。国際観光の諸機関では、日本人旅行者は世界で最も歓迎され、かつ人気のある観光客として有名であり、世界の多くの国々で両手を広げて歓迎されている。規律正しく、問題を起こさず、現地の法規則を正確に守り、そして多くのお金を持っている。

イランへ行ったことのある日本人旅行者についての、渡航先の規範順守の徹底ぶりを物語る小噺も語られている。私もあながち間違いではないと思う。ある時、日本人の高齢の婦人に訊ねた。「イランではヒジャブの着用、スカーフをかぶることは大変ではなかったですか?」婦人は答えて言った。「スカーフの着用は大変ではなかったですよ。ただ、夜眠る時にスカーフが頭からずれ落ちないようにするのがちょっと大変でした‼」

観光と半分のケバブ

観光交流の促進、とりわけイランを訪れる日本人旅行者の増加へ向け、関係省庁や旅行会社の幹部と数多く面談をした。継続的に二カ月に一度の頻度で大使館にて旅行セミナーや会合を開いた。また毎年行われる「日本旅行博（JATA旅行博）」にも積極的に参加した。さらには大使館の名前で、ペルシャ湾の地図が表紙の観光ガイドブックを刊行した。西側メディアによるイランに対する継続的なネガティブ喧伝キャンペーン以外にも、制裁、適切なインフラ整備の欠如、日本人旅行者を獲得するための低価格での健全でないイランの旅行会社間の競争などの問題があった。ツアー価格の引き下げは旅行サービスの低下につながり、これ自体、業者のやる気を削ぐものであった。

ここで引用するのは私にとって辛いことだが、訂正されることを願って、旅行会社のある社員が語っていたことを紹介する。「イランを訪問していた日本人旅行者への旅行サービスの低さは、彼らの食事の量を、日本人は少食だからという理由で半分にするところまで達していた。例えばライスとセットのケバブは、半分の量を一人分として出していた！」私はテヘランへの一時帰国の際、ハミード・バガーイ文化遺産観光庁長官に会いに行き、同庁の副長官らの評議会に参加し、日本とイランの観光交流の可能性と難題について説明した。

文化交流と文化活動

東京在任中、私は文化活動や文化行事に多くの時間とエネルギーを費やした。実際のところ、文化外交に、イランにとっての重要性と同じくらい重きをおいた。イランは、文化と芸術のいにしえからの豊かな宝、すなわち我が国のソフトパワーの源泉であるところの宝を持つことから、文化外交はイランにとって価値があると考える。もしかしたらこの文化資源の有難さと価値は、日本だからこそより深く理解することができるかもしれない。

日本の国名を聞けば、すぐにトヨタ、マツダ、三菱、ホンダ、ヤマハ、ソニー、そして千にあまる最先端の商業ブランドが思いつく。しかし文化と芸術の窓から見る時、文化・芸術・歴史の古くからの豊かな宝を享受しているイランの傑出性は明白である。日本における古代イランの文化芸術の注目に値する例はあまりある。何千キロもの距離を隔てた「文化のお土産」が極東の島に存在するからだ。それはイラン文化の日本への伝播を立証するものである。

在京大使館での文化業務は、主に二つの部門から成る。一つ目は日本人へ向けた文化外交、もう一つはイラン人同胞のための文化活動、特に国民行事や宗教行事だ。文化外交の分野では、伝統音楽の演奏会、展覧会（絵画展、写真展、外交史料展、絨毯展、手工芸品展……）、各種講演会、ペルシャ詩の夕べなどの文化行事を大使館内のホールで毎月のように開催した。それらの文化行事をリストアップするととても長いものになるが、その中でも非常に際立ち、かつ今後も長く人々の記憶に残ると思われるものがいくつかある。一つは、先述した「ペルシアシルク絨毯の世界」展であり、イラン絨毯博物館から借りた歴史的かつ希少価値のあるシルク絨毯の展覧会だ。もう一つは、「ズールハーネ」というイランの古式体操の実演披露会である。双方とも、イラン文化の豊穣さを伝えると同時に、イランと日本の文化的共通点と深い結びつきを示すものであった。

文化外交とイメージ戦略

イラン国外の在外公館では、文化業務を遂行する上で、宗教分野により多くが注力される。もちろん言うまでもなくそれは第一の責務ではある。しかし私見では、文化外交の第一目的は、接受国の政府高官と国民に、派遣国の好ましく魅力的な印象を形成することにある。外交官はこの職務遂行のため、第一に、接受国政府ならびにその国民との間に、どのような交流史と共通点があるのかを把握する必要がある。宗教、イデオロギー、文化、芸術、スポーツ分野等の様々な共通点の中でも最も魅力的なものはどれかを探り、どの分野の仕事が接受国の国民と政府要人の見方を、より好ましくかつ魅力的なものにするのか検討する必要がある。

東京在任中、同僚の協力を得て、イランの実像を、政治・経済分野のみならず、文化芸術の分野でも提示すべく取り組んだ。イランという国をありのままの姿で紹介し、西側メディアのネガティブキャンペーンにより傷ついていたイランのイメージを、さらには最も良い状態でも日本人の視点では、「イランは何の歴史も文化もない中東の一産油国にすぎない」というイメージを修正し改善すべく努めた。驚かれるかもしれないが、一般の日本人のイラン理解で最初に払拭しなければならなかった一番目の誤解に、「イランはアラブの国で、イラン人はアラビア語を話す国民である」という誤認識があった!

ソフトパワーに尽くすイメージ戦略

接受国に対するイメージ戦略は、外交官にとって最も重要な職務の一つである。外交官は誤った、またネガティブなイメージを修正し、自国にふさわしいイメージを接受国の高官や国民の思考に形成する責務がある。今日、「パブリック・ディプロマシー」や「広報文化外交」と呼ばれ、高い重要性を帯びている機能である。イメージ戦略はソフトパワーに貢献する手段である。

外交官が接受国政府をして、自国の国益に適う決定を下すよう促すことを追求する場合、まず接受国の世論と政策決定者の思考の下地を作らなければならない。目的が政治協力の場合、両国共通の国益を世論に対して明示しなければならない。経済関係の投資が目的の場合、派遣国の投資環境に対する好ましいイメージを提示する必要がある。接受国の世論や知識人階層、そして政府関係者を納得させることは外交官の重要な職務であり、パブリック・ディプロマシーはその方途の一つである。

イメージ構築の最善の手段としての文化外交

イランと日本の文化的共通点は数多く見受けられる。日本人は東洋にルーツがあり、東洋人そのものである。前述したように東洋の心と精神を持っている。この東洋の心は、イランの東洋音楽を好み、日本人にとってその旋律や音は心地よいものだ。イランの古典楽器の中には日本の伝統楽器と似ているものがある。

例えば、日本には琴という楽器があり、イランのサントゥールと似ている。ただ琴が奏でる音には、少なくともイラン人にとってはサントゥールが奏でる熱情がないのだが。日本の音楽は、聴き手を恍惚へと導く。だがイラン音楽にはより多くの熱情と音がある。日本の古典劇（能や舞）も同様で、ゆっくりとゆったり演じられる。落ち着きや穏やかさと緩慢な動作は、日本芸術の特徴だ。

「ペルシアシルク絨毯の世界」展

「ペルシアシルク絨毯の世界」展は横浜のシルク博物館で開催された。史上初となる大イベントだった。イラン国立絨毯博物館から二〇枚の歴史的価値のある絨毯が国外へ搬出された、最初で最後の機会だった。日本で開催されイランへ戻されたのである。

展覧会は、日本の「ペルシャ手織りカーペット協同組合」の協力のもと開催された。組合の理

「ペルシアシルク絨毯の世界ー日本とイランの400年の結び」展で展示された、著者の父の遺産であるテヘラン産のシルク絨毯（2010年4月）

事長は、セイエド・アハマド・ショベイリーという活力に満ちた人だった。シルク博物館での開催のアイデアは、同氏と日本での知人の協力のもと進められた。企画立案し、四〇〇年から五〇〇年以上の歴史のあるものなど、歴史的価値のあるシルク絨毯二〇枚を日本で展示することにした。困難な点は、イランからこれらの絨毯を国外へ持ち出すための許可を得ること、そして日本への搬送、さらに重要なこととして、絨毯を損傷なしにテヘランへ返還することだった。選んだ絨毯は値段のつけられないものばかりで、何年もの間、イラン国立絨毯博物館にて完璧に注意の行き届いた保管がなされていた。同博物館、イラン国立絨毯センター、文化遺産庁などの関係機関と何度も話しあい、書面でもやりとりをした。博物館収蔵の文物の国外への持ち出しには閣議での特別な許可が必要だったが、その許可も得ることができた。

すなわち閣議で、史上初めて博物館の絨毯が国外へ持ち出され展示される了解が得られたのだ。二〇枚の歴史的価値のある絨毯には保険がかけられ、特別な条件のもと東京へ、そして横浜へと輸送された。安全上の留意点を遵守した上での輸送それ自体、多くの語るべきことがある。一枚一枚を特注の箱に梱包し、博物館の財産管理人である、優秀かつ情に厚いナスタラン・ニークネジャード氏がきめ細かく正確に、上記のすべての過程において丁寧に業務を担当した。氏が自ら税関へ赴き、完璧な管理を行った。箱の開封時と閉封時もまた自ら立ち会い、技術的かつ専門的な事柄に注意を払っていた。絨毯は予定通り東京に到着し、損傷なしに無事にテヘランへと戻った。

「ペルシアシルク絨毯の世界――日本とイランの四〇〇〇年の結び」展は、二〇一〇年四月二四日から五月二三日までの一カ月間、横浜のシルク博物館で開催され、一万五千人以上が来場した。オープニングセレモニーには、ファイサル・マルダーシ・イラン国立絨毯センター長、パルヴィーズ・エスキャンダルプール・イラン国立絨毯博物館長が出席した。二人とも、展覧会開催のため多くの労をとり、尽力してくれた。中山義活内閣総理大臣補佐官をはじめとする複数の国会議員、また岡田多津子外務大臣夫人も開会式に出席してくださった。

イランのいにしえの文化と芸術の至宝の一側面を伝える、素晴らしく称賛に値する展覧会であった。二〇枚の博物館の絨毯に加え、一二〇〇年近くの歴史があるテヘラン産のシルク絨毯も私の兄から託され展示された。この絨毯は父が遺したものであり、横浜で展示された後、二〇一三年アラグチ家により、そして父のセイエド・ホセイン・アラグチ名で、イラン北東部ホラーサーン・ラザヴィー州にある「アースターネ・ゴッツ（聖地の入り口）博物館」に寄贈された。現在はシーア派の聖地であるイマーム・レザー廟がある「ハラメ・モタッハル広場」内の絨毯博物館に展示されている。

神道と仏教の祭事

ここで日本の祭礼について述べたいと思う。祇園祭は全国に何十もある神道の祭礼の一つであり、七月に京都で行われ、山鉾巡行で有名である。特に春と夏に日本を訪問すると、街の中で御神体がのっている神輿を担ぎ、太鼓の音に合わせて「わっしょいわっしょい」と掛け声を発しながら町中を練り歩く法被姿の人々を目にするだろう。このような祭事は、発展した工業化社会にあって、日本の人々が今もいにしえの教えや慣習を守っている一側面を伝えている。祇園祭で京都を巡行する山鉾と神輿は圧巻だ。山車には花や人形などの豪華な装飾が施されている。刺繍入りの絨毯は、日本に渡来した当初、山鉾の装飾に用いられた。また山車には、子供たちが曳く小さくシンボリックなものもある。また子供たちは小さな山車の太鼓を叩くこともある。

日本でのズールハーネの師匠の音

在任中の心に残っているもう一つの文化行事に、ズールハーネ（イランの伝統的肉体鍛錬法・古式体操）の実演会があげられる。四年近くの在任中、大規模から小規模まで数多くの文化芸術団が訪日した。その中でもズールハーネ一行の訪日は鮮明に記憶に残っている。

イラン・ズールハーネ連盟は、ズールハーネというスポーツの国際化を目指していた。日本の柔道、インドのカバディ、韓国のテコンドーと同様の、国際普及の道を辿ろうとしていた。一つのスポーツの国際化には前提となる条件や法則があり、イランはそれらを設けるべく取り組んでいた。その環境整備の一つに、そのスポーツを競技の形に昇華させることがあげられる。

二番目に、そのスポーツが諸外国において受け入れられ、各国で連盟が発足する必要がある。このような目標へ向けて、いくつかの国で活動を始め、主に現地在住のイラン人の尽力により競技大会開催へ向けて準備が進められ、その後、関心のある人が加わり、トルコ、アゼルバイジャン、パキスタン、バングラデシュ、さらにはいくつかのヨーロッパ諸国で連盟が立ち上がった。

次の段階として、オリンピックの、またオリンピック以外の格闘技競技連盟との連携、共催などの行事の開催があった。この方向に向かって、団体間で調整の取れた動きが進み、伝統競技にスポーツ－芸術の形が加えられた。いくつかの国で連盟が発足した後、テヘランでもズールハーネ国際連盟が立ち上がった。

ズールハーネ実演会での大使の歓迎の挨拶（2010年12月6日、東京・文京シビックホール）

ズールハーネ実演会の様子（2010年12月6日、東京・文京シビックホール）

このような環境が整った後、連盟が訪日の希望を打診してきた。双方で調整し、二〇一〇年一二月上旬、ズールハーネ競技選手団一行が来日した。

ズールハーネ実演会

ズールハーネの師匠の男らしい詩の朗誦が会場に響き渡った。東京での三日間の滞在中、複数回の公演を行った。そのうち一回は、外務大臣政務官や各国駐日大使にも参加していただいた。滞在四日目には大阪でも公演を行った。すべての公演にイラン人や日本人を招待し、会場は観客で満員だった。ある公演では、ホールの収容人数を超えて立ち見客も出たほどだ。それは公演のルールに反するものなのだが、通常厳しくルールを守る日本人が、その時は大目に見てくれた。

各回の実演会に国会議員をはじめとする要人を招待していた。あるホールでは、舞台の広さが充分ではなく、選手たちは実演の際に一列目に座っている観客に非常に接近していった。重い棍棒を頭上高く放り投げた時には、万が一その棍棒が間違って観客に当たってしまったら、どんな災難になってしまうかと、全身が恐怖心に襲われた！　その心配する瞬間を除けば、実演の最中ずっと、言い表すことのできない興奮と喜びに全身が包まれた。ズールハーネというイラン古来の技能の紹介は、イラン独自の文化や芸術をきちんと紹介すれば、日本人の心を鷲掴みにし、魅了することを証明した。

ズールハーネの実演は、日本のメディアでも大きく取り上げられ、ＮＨＫのペルシャ語放送は二回にわたり、アリレザ・サッファールザーデ・ズールハーネ連盟会長およびファルハード・トルーキアーン同連盟事務局長へのインタビューを行った。

サムライと義侠の徒

ズールハーネ一団の来日とその振る舞いは、イランの義侠の徒パフラヴァーンの勇者文化と、日本のサムライ文化の類似性を提起した。一行を引率していたトルーキアーン・ズールハーネ連盟事務局長は、イランの義侠の徒パフラヴァーンについて深い知識があり、日本のサムライの独創性とイランの義侠の徒のパフラヴァーン文化との類似性を語っていた。

サムライのルーツは日本の前近代である封建時代、主人に仕えた戦士にあり、武士と呼ばれていた。サムライは二つのグループに分かれ、一つは封建時代の主人に仕えていた武士、もう一つは組織に属さない武士であった。後者は、イランの義侠の徒に似ている。主人に仕えた武士とは異なり、単独の武士は身なりは素朴であったが、高い自尊心を抱いていた。彼らは少ない報酬で抑圧された弱い立場の人々を守り、助けていた。村や小さな町の庶民は組織に属さない武士を雇い、武士たちも非常に少ない報酬で、時にはひと握りのお米で雇い主らを守った。一九世紀中頃に中央政権が樹立されると、サムライたちは一社会階層として政府に仕え、特別な地位を得るようになっていった。

武士道とイランのパフラヴァーン（勇者）文化

武士たちには、「武士道」という今日でいうところの倫理憲章がある。武士道は、仏教と儒教の教えと思想に大きく影響を受けている。武士道では、自尊心、勇敢さ、武道での卓越した技能、師匠への忠誠心などが重んじられる。さらには、博愛主義、善行、尊敬、誠実、名誉などの特徴もあげられる。

戦いの際には、勝っても負けても自らの感情を押し殺さなければならない。また刀は自らの命であった。イランの義侠の徒パフラヴァーンは、「強きをくじき弱きを助ける」人々で、常に抑圧者から弱者を守ってきた。両者とも、カリスマを生みだし、また師弟関係を重視している。

近代とサムライの神話化

武士階級は明治維新により、また近代軍の創設により解体された。しかし武士道は、日本人がイメージづくりを行ったサムライと共に歴史から消えることはなかった。好戦的で国粋主義者の指導者たちは二〇世紀前半の数十年間、そして第二次世界大戦中、武士道を軍国主義と侵略主義に利用した。切腹のような武士のしきたりを借用し、特攻隊の自爆攻撃の下地を整えた。敵の軍艦に突撃した自己犠牲の操縦士たちは真珠湾基地を空爆し、アメリカを世界大戦へと引きずり出した。

日本は戦後、軍国主義と侵略主義に終止符を打ち、別の形で武士道と武士文化を、すなわち工業と貿易の発展のために生かした。武士の教えは近代日本の文化と融合している。勇敢さ、自己犠牲、忠誠心、とりわけ企業に対する忠誠心などの精神文化が国の発展に有益であった。今日の日本でも、企業幹部にサムライ主義者がおり、彼らは官僚たちとは異なる独創性を持ち、大胆かつ勇敢に行動している。

サムライのアイコン化

日本は経済発展においてサムライの文化と教えを活用したのみならず、クールジャパンというイメージ戦略とソフトパワー強化のため、サムライのアイコン化に着手した。サムライたちは力強く戦う自尊心に満ち溢れた輝かしい象徴となり、この象徴的なイメージは海外へと紹介された。今日サムライは日本の象徴であり、世界の人々にとって日本人と言えば、義侠心のあるサムライを思い浮かべる。スポーツの国際大会においても「サムライジャパン」という愛称を、日本のナショナルチームが用いている。デンマークや北欧のバイキングやイギリスの騎士など、多くの国が自国の神話や伝説を用いて同様のことを行っている。イランの勇者パフラヴァーンもまたアイコン化し、イラン人を紹介する上で有効なのかもしれない。

日本の右翼とサムライ

今日の日本では、極右勢力やナショナリストたちの間にサムライたちを見かけることがある。右翼や国粋主義グループと融合しているサムライたちは、日本の国内政治の場で沸きかえっている。この勢力は主に、北朝鮮や韓国、中国やロシアに対抗姿勢を示している。活動の一つに、大きな騒音のデモ活動がある。大きなスピーカーを設置した黒色の街宣車に乗り、街中を走り回り、最後には上記の国々の大使館や関連施設の前に集結し、野次を飛ばしたり大声でスローガンを叫んだりしている。グループは四カ国に向けた特別なスローガンを用意している。デモ隊に備えて、中国やロシアの大使館前では警察官が常駐し、通りの角にはジャバラ型バリケードで道を封鎖できるよう、警備体制を敷いている。

韓国大使館はイラン大使館の裏道に面したところにある。もう少し北側には中国大使館がある。大使館と霞が関や永田町との行き帰りの際目にした興味深い光景に、常にきちんとした姿勢で立っていた韓国と中国大使館前の警備担当の警察官の過度の責任感がある。韓国大使館前の坂道（仙台坂）から大通りへとつながる交差点には、常に作動式バリケード用の柵が置いてあり、通常は閉じていたが、デモの際にはバリケードを開いて車の進入を阻止し、道を封鎖した。面談から大使館へ戻る帰路、大通りから仙台坂へ入ると、バリケード担当の警察官はバリケード、あるいは固定したロープから手を離さず、常に完全な非常事態体制をとっていた。いつデモ隊が来ても数秒でバリケードを張り、道を封鎖できるよう臨戦態勢にあった。

しかし実際は年に数回しか、それもごく少人数のデモしか大使館前では行われなかった。これは私にとって非常に興味深いことだった。バリケード担当官の前を通り過ぎる時、一度たりともロープから手を離して壁にもたれかかったりする姿を目にしなかった。ロープを常に握り、笛も常に口にくわえていた。年に二回か三回か起きるデモのためにだ。その責任感の塊のような警察官の凛々しい表情と風貌は私の脳裏に焼きついている。

ラスター彩陶芸がイランから日本へ

陶芸は日本で非常に浸透した芸術であり、この点、イランとも多くの共通点がある。多く語るべきことがあるが、ここでは七代加藤幸兵衛先生という日本の著名な陶芸家との交流について述べる。氏の父である加藤卓男先生もまた日本でよく知られた陶芸家であり、陶芸技法を習得するため、イランをはじめ多くの国を訪問した。卓男先生はイランでラスター彩という技法を知って習得し、日本で初めてラスター彩陶芸の復元製作に努めた。特別な釉薬を調合し窯で焼くと、陶器は金彩に似た虹色の輝きを放つ。

幸兵衛先生はラスター彩技法を父のもとで習得し継承した。それゆえイランにも強い関心を寄せていた。雄鶏が描かれたラスター彩の陶壁を大使館に寄贈してくださることになり、親交のあった松浪健四郎衆議院議員の紹介で除幕式を開催した。その後、幸兵衛先生との親交が始まっ

ラスター彩陶壁の除幕式（左から七代加藤幸兵衛先生、松浪健四郎衆議院議員、大使、2008年6月17日、イラン大使館）

外務事務次官として幸兵衛窯を再訪（2017年8月11日）

た。多治見市にある幸兵衛窯にも妻と二人で訪れた。幸兵衛窯には美術館もあり、卓男先生がイランでラスター彩技法を習得した際のメモやスケッチなども展示されていた。イランの芸術機関にも幸兵衛先生を紹介した。先生はこれまで二回、イランから陶芸の教授や専門家を幸兵衛窯に招聘し、ラスター彩の研修を実施している。

二〇一三年にはイラン国立博物館で「大ラスター彩展――古代から現代まで」が開催され、氏と卓男氏の作品が展示された。二〇〇九年に当時の中曽根外務大臣がテヘランを訪問した際には、幸兵衛先生の作品をモッタキ外務大臣に贈呈した。

「愛ははじめはたやすく思えたが、後に困難をともなうことがわかった……」

日本での重要な任務の一つに、日本人イラン研究者との交流がある。もしかしたら日本に専門家はいるのかと疑問に思う人もいるかもしれないが、日本にも優れたイラン研究者やイスラム研究者がおり、中には世界的に有名で、イランでもよく知られた研究者がいる。

最も著名な研究者の一人に、ペルシャ古典文学を専門とする岡田恵美子教授があげられる。女史は半世紀以上をペルシャ文学研究に捧げてきた。黒柳恒男教授は一九七六年『ハーフィズ詩集』を、そして岡田恵美子教授は『ホスローとシーリーン』、『ライラとマジュヌーン』、『ヴィースとラーミーン』などの作品を日本語に翻訳している。女史は八八歳で、『イラン人の心――詩の国に愛を込めて』の増補（復刻）版を出版した。

岡田教授は、イランの古典詩人「サアディーの日」や「ハイヤームの日」などの様々な大使館文化行事に出席され、講演されることもあった。興味深い記憶に、ハーフェズについて語られた話がある。テヘラン大学でペルシャ文学を研究していた頃、街区の八百屋の従業員がこの日本人女性に関心を抱き、ハーフェズの有名な句「愛ははじめはたやすく思えたが、後に困難をともなうことがわかった……」を諳んじてみせた。

岡田教授はその時、「八百屋の少年でさえ諳んじることのできるこのハーフェズという詩人はいったいいいかなる詩人なのか?」と思ったという。それがきっかけとなってハーフェズの詩の勉強を始め、ハーフェズはペルシャ文学の真珠のように輝く存在であり、イラン人の生活に深く根ざしていることを知った、とのことだ。岡田教授は笑顔で語った。「八百屋の恋をした少年が私をハーフェズへと導いてくれました」

クールジャパン：イメージづくりでの日本の成功体験

日本人はイメージづくりと、自らの好ましく魅力的な姿を提示することに非常に長けている。戦後、熟達した方法で実践し、成功した戦略だ。大日本帝国は東南アジア諸国に禍根と嫌悪感を残し、世界の人々からは好戦的な国とみなされた。日本人はその戦前の残忍で野蛮なイメージを払拭するために多大な努力を払った。侵略的かつ好戦的な犯罪国家というイメージを、平和主義者で穏やかな人々へとイメージを変えることは、高い技術と多大な努力を必要とするが、日本人はその両方を持っていた。

「クールジャパン」探求へと始動し、その過程にあって、人々の優れた技能を生かした。サムライの象徴化にはじまり、マンガやアニメの活用に至るまで、そして伝統的な料理である「和食」の普及にはじまり、古代の教えや儀礼の紹介に至るまでだ。日本人の工業技術での名声や工業製品の品質の高さ、さらには日本人の工芸職人の技もこの美しいイメージづくりに貢献した。日本人は実のところ、世界の人々に自らを実際以上に美しく見せるため、これまで莫大な費用を払ってきたし、今もそうである。

このような魅力的で愛すべきイメージを形成するため、日本人には戦略がある。それはあまりに重要で、内閣にクールジャパン戦略担当大臣というポストをも設けた。実のところ、「クールジャパン」は文化的かつ国民的手段により、諸外国に好影響を間接的に与えるための日本のソフトパワーの一部なのである。むろんこの戦略には、韓国や中国などの強力なライバルも頭角を現しており、実際より良いイメージ形成のため、影響力のある取り組みを始めている。

盛大なナショナルデー祝賀会

日本人の細やかさや緻密さに応えるため、二月一一日あるいは一〇日（イラン暦バフマン月二二日）のナショナルデー（革命記念日）の祝賀会を、盛大なイメージが形成されるよう開催する必要があった。大使館主催の公式行事に参加した日本人の反応を見ていると、「各国大使館の中でも

ナショナルデー祝賀会にてゲストを迎える大使（イラン大使公邸）

イラン大使館のイベント、特にナショナルデー祝賀会の盛大さと豪華さが際立っている」と語っていた。参加者は会場の雰囲気を注視し、どういった人が参加し、どのような式次第で、飾り付けはどうかとよく見ている。まさにこの良いイメージを形成するため、イランと取引のあるすべての日系企業に対し、スタンド花を忘れないよう確認するよう同僚に言っておいた。アメリカの制裁と政治圧力の時期で、スタンド花は少なくなっていた。同僚を動員し、日本の企業に加え、イラン人ビジネスパーソンや駐日イラン系企業にも念を押すようにしていた。

　アメリカがイランを制裁下の孤立した国だと誇示しようとしていた時期に、盛大にナショナルデー祝賀会を開催することには特別な意味があった。ナショナルデー祝賀会を五つ星ホテルで、散々浪費して開催する一部のアラブ諸国とは異なり、我が国イランは最も少ない予算で公邸にて開催していた。公邸には中庭へと繋がる大きなホールがあり、ゲストを見事に接待するに充分な設備と環境があった。この広いホールを企業が送ってくれた大きなスタンド花で飾り付けた。公邸の入り口から廊下、ホールまで、スタンド花でいっぱいになった。

着任して最初の式典で私の隣に立っていた人は、これほどまでに盛大に開催されたのを見て友人に語っていた。「これほど多くのスタンド花を見てどう思う？　イランはまだ尊敬されていて、支持されているのだ」ホールの花に加え、料理も大事であった。日本人が好きなフェセンジャーンというシチューをはじめ何種類かのイラン料理を大量に出した。公邸シェフのホセイン・エブラヒーミ氏は本当に骨を折ってくれた。大人数分の数種類の料理を作ることは簡単なことではなく、一週間前から仕込みを始める必要があった。

要するに、イメージづくりとは、たんに一流の書道や絵画作品、あるいは音楽を提供するだけでなく、必ずしも多額の費用をともなうわけでもない。イメージづくりの目標はたんに文化的・芸術的側面だけでなく、目的は国のソフトパワーを見せることであり、威信や高い評価を証明することにある。

威信を示すために行ったもう一つの独創的取り組みとして、第一級の賓客、ＶＩＰを大勢招待することがあった。現職と元職の高官、企業幹部、芸術家や文化人、とりわけ国会議員に、大使館公式行事の招待状を送った。日本の国会議員は菊の御紋の議員バッジをつけておりひと目で議員だとわかるため、それほど著名ではない議員であっても、ナショナルデー祝賀会をはじめ諸行事に出席すると目立ち、式を盛り立て荘厳さを与えてくれた。著名な国会議員の出席は言うまでもなく他の出席者の目を引いた。在京外交団にとって、式典での国会議員の人数それ自体が二国間関係の盛り上がりと温かさを示すものだった。

ある時、ある国の大使が私に尋ねた。「これほどまでの国会議員をどこから連れてきたのですか？」大勢の議員の出席は、それまで私が築いてきた友好的な交流の賜物であった。決して一枚の招待状の価値で式典に出席するのではない。各国大使館は皆、招待状を多くの議員宛に送っていた。私は日頃から要人との交流の橋を架けるべく努力していた。それは、継続的な面談や意思疎通、節目にグリーティングカードを送ること、そして美味しく色とりどりのイラン料理の個別の会食への招待など、様々な方法で交流を進めていたのだ。

ケバブ外交！

関係構築とイランの好ましいイメージ形成におけるイラン料理の食卓あるいは厨房の役割を、決して過小評価してはならない。イラン外務省の同僚は冗談でそれを「ケバブ外交」と呼んでいた。もちろん現在はほぼすべての国の外交官がこの手段を充分に活用し、伝統的な厨房や料理を宣伝し、観光客誘致や好ましいイメージ形成に取り組んでいる。

イランの食卓は色とりどりで美味しい料理が並び、世界的にも名声を博している。日本でイランの色鮮やかな食卓を広げると、政治家や政府要人から報道関係者やビジネスパーソン、その他のグループに至るまで、あらゆる階層の日本人の目を引き魅力的だったようだ。東京在任中、この有効な手段を大いに活用した。

私が知りあいになり、かつ二国間の問題を解決することのできる政治家や政府要人の多くを、大使公邸でのイラン料理の会食に招待した。現在日本の政界で著名かつ影響力のある政治家となったある議員は、最初に公邸での会食にお誘いした時は無名の議員、もちろん若く名声を求める議員であった。色とりどりのイラン料理を見て、議員はとても魅了され興奮し、出される一皿一皿の料理を写真におさめていた。公邸シェフは公正に見ても盛り付けのセンスがあった。イランのケバブやシチューの味に加え、議員にとって盛り付けの仕方も興味深かったようだ。議員との交流は深まり、あるとき選挙区の市へと案内され、市の経済環境を視察した。議員は招待するあらゆる行事に参加してくれていた。

日本のマスメディアとの交流

プレス関係者との仕事における第一の一般的な原則は、記者に対し絶えず情報補給や情報提供をする必要があることだ。記者にニュース素材や情報を与えないと、別のニュースソースのところへ行ってしまう。なぜなら、記者は何としても求められている記事を書き、編集局長の机に置かなければならないからだ。東京にいる記者は、ニュースをすぐにもらえる人が大使館にいるとわかると、その人のところに行く。大使館の報道担当官と友人であれば、一次情報源を得るためその担当官に連絡する。この情報がより濃いものであればあるほど、記事はより充実したものになる。記者に情報提供をしなければ、あるいはニュース性の低い情報ばかり提供すれば、別のニュース源を頼ってしまうのは明らかだ。

二番目の原則として、日本の報道路線は総じて西側寄りだ。なぜなら政治と統治において西洋の思考があるからだ。もちろん報道の副次的・派生的なものでは日本の独創性が守られてはいる。日本の報道関係者はほとんどが西側のメディアに追随し、西側の優先事項を守っている。テヘランにはNHKと共同通信、読売新聞、朝日新聞、日本経済新聞が支局を構えており、イランから第一次情報を得ている。しかしいずれにせよ多くの場合、西側、特にアメリカメディアのニュース上のガイドラインに従い、西側の報道を引用し掲載する。

しかし日本のメディアはイランの文化行事をよく伝えているし、インタビュー等のチャンスも設けてくれた。日本人記者の良いところは、西側が得意とするヤジや異常な喧騒を回避することだった。日本の記者は決して危害を加えようとはしない。記者会見等で的外れな、また奇妙な質問をする西側記者とは違う。訪日するイランの政府要人の中には、日程にインタビューが設定されているのを見て、メディアの悪戯を心配する要人もいた。そのような要人には、「日本のメディアは挑発してくることはない」と安心させ、実際その通りであった。

数多くのプレス行事を行い、定期的にオフレコのブリーフィング会合も開催した。約四年間の在任中、多くのインタビューにも応じ、総じて報道関係者とは良い関係を築くことができた。一度、かつてテヘラン支局に勤務していた元テヘラン支局長の会を開催し、招待したところ、三〇人以上が集まってくれた。良い意見交換ができ、イラン料理の味を懐かしそうに楽しみ、またそれぞれ旧交を温めていた。記者たちはイランの思い出を蘇らせることができたと感謝してくれた。

第九章　在日イラン人

在日イラン人の歴史

着任当初から在日イラン人コミュニティとの交流を駐日大使としての重要任務と位置づけていた。この交流には、在日イラン人の構成の点からも、交流の目的の観点からも独自の特色があった。

日本にイラン人が滞在するようになったのはそう遠い昔のことではない。イラン人は革命後数年して日本に在住するようになった。もちろん歴史上の両国の人的往来は存在し、往来を示す多くの文物が残されている。

しかし大量のイラン人の来日は一九八〇年代、いわゆる「バブル経済期」に始まる。日本経済はこの時代、経済成長率四％台を記録し、ビジネスや貿易、産業は右肩上がりであった。経済発展ゆえ労働力を必要とした日本は海外へ門戸を開いた。革命前、イランと日本との間で締結されていた査証免除協定も寄与し、働き口を求めるイラン人は大波のように、莫大な稼ぎを期待して日本へ押し寄せた。一〇万人、あるいはそれ以上のイラン人労働者が来日し、様々な工場や企業に就労し、稼ぎも良かったと言われている。来日イラン人の数は頂点に達し、テヘラン－東京間の航空便のチケットはなかなか手に入らないほどであった。

当時、イラン航空は週二回の直行便を運航していた。東京行きフライトチケットの争奪戦が起こり、イラン航空は一〇万人収容のアーザーディスタジアムでテヘラン－東京間チケットの抽選会を行ったほどであった！

日本の高度経済成長の終焉とイラン人労働者の帰国

バブル経済と大量の外国人労働者の需要は一〇年も続かなかった。一九九〇年代初頭、バブル経済は弾けた。経済成長率は低下し、外国人労働者への需要も縮小した。他方、一部の在日イラン人による犯罪や迷惑行為のため、一般の観光目的のビザ免除がとりやめとなり、大量のイラン人労働者が日本に押し寄せることはなくなった。多くのイラン人は帰国し、数千人のイラン人だけが残り、日本社会に「沈殿」した。

そのうち独立してビジネスを始め、あるいは日本人と結婚して家庭を築き、あるいは雇用先の企業から就労ビザを取得するなど、様々な形で在留するイラン人もいた。日本社会に残った数少ないイラン人が成功を収め、主に絨毯関係のビジネスを続けた。また中には不法滞在をする人もいた。不法滞在者の中には犯罪に手を染める人も残念ながら出てきた。

滞在ビザ取得のためのイラン人の画策

残留あるいはのちに来日し、永住権や国籍取得を目論んだイラン人は、日本人との結婚を目指したが、それは在留資格取得のためのよくある手段だった。真正な結婚でのちに家庭を築くこともあったが、多くが偽装結婚であった。若いあるいは高齢の女性を見つけ、偽装結婚のために相手に金銭を払っていた。日本では、正規の婚姻届のためには在京大使館での婚姻手続きを必要条件としていたことから、夫婦となるカップルは婚姻手続きのため大使館に来館する。大使館領事部も婚姻手続きを行わざるを得ず、妻となる女性にイランの身分証明書や旅券を発行していた。新郎のイラン人男性は大使館から発行された証明書を持ってビザ申請に行き、一方新婦は自らの生活を始める、あるいは別のイラン人新郎を探しに行くという始末だった！

このような日本人女性にイラン国籍の証明書を与えることは、まったく適切ではなく妥当性を欠いていた。その種の日本人女性はイラン国籍の身分証明書や旅券の重みを理解することもなければ、価値を見いだすこともなかったからだ。お金をもらってそれで終わりだったが、阻止する法的手段がなかった。

時にはこの画策は恥辱に至ることもあった。その一例を述べよう。ある時、怒りで顔を真っ赤にしたモスタファ・ロウシャニ領事が私の執務室へやってきた。あるイランの同胞が日本人女性と二人で婚姻手続きのため領事部へやってきたので、二人の身分関係の証明書を受け取り、新郎新婦の情報や身分事項をコンピュータシステムに入力した。驚くべきことに新婦の氏名はすでに領事部のデータベースに存在していることが判明した。ちょうど数カ月前に別のイラン人男性との婚姻手続きを行ったのだった！　この新婦はすでに別のイラン人男性からお金を受け取り、結婚し、また別のイラン人男性を探していたのだ。

ロウシャニ領事は受付でそのイラン人男性に言った。「尊敬する新郎様！　あなたが結婚しようとしているこの女性はすでに結婚しており、人妻であり、その別の男性も実はイラン人なのですよ。したがってあなたの婚姻手続きはできません」しかし男性は厚顔無恥にも言い放った。「じゃあ、なんとかしてよ！」このひと言が領事の怒りに火をつけた。領事は男性に言った。「立派な方よ、いいですか！　なんとかしてよとはどういう意味ですか⁉　この女性にはすでに配偶者がいて、人妻なのです。あなたの名前で婚姻手続きがどうしてできるというのですか⁉」このような場合、人は泣くべきか、笑うべきかわからない。

他にも、フィンランドでも日本でも何人かのイラン人から聞いた話があるがここでは語らない。しかしこの種のイラン人は、国外で誇り高く自尊心を持って勤勉に生活し、イランの誇りであり名誉である多くの在外イラン人に比べれば、取るにとらないほどの数である、と強調しておく必要がある。また、日本社会に外国人移民が溶け込むことの難しさ、あるいは混ざりあうことが不可能に近いため、在日イラン人の一部が法に反した道に誘導されていることも付言する必要がある。文化的民族的多様性を受け入れた多くの諸外国と異なり、日本は移民を受け入れる国ではなく、今も閉鎖的な社会だ。外国人に対し攻撃的であるとまでは言えないが、外国人を受け入れないところが多くある。そのため、イラン人をはじめ外国人が日本社会に溶け込むことは容易なことではない。

在日イラン人の構成と文化

在任中、多くの在日イラン人が大量の出稼ぎ労働者で在留した人々だとわかった。そのため多数を占める在日イラン人コミュニティの構成と文化は労働者層である。しかし徐々にイラン人留学生の数も増えてきた。日本の文部科学省の政府奨学生として、あるいはイランの高等教育省の奨学生として来日した留学生だ。

高学歴で知識人層と呼ぶべきイラン人の中には、日本の大学で昇進し、教授職に就いたイラン人もいる。私の着任前から、日本に留学しそのまま残っていたイラン人研究者だ。その中でもラジャブザーデ氏とナギザデ氏があげられる。両氏は数十年も前に来日した例外的な在日イラン人だ。ビジネスの世界でも、絨毯ビジネスの分野で大きな成功を収めたイラン人が何人かいる。

私が思うに、難しい言語、移民不寛容の社会、独自の文化、駐屯地のような厳しい職場環境等のため、高学歴の専門家や知識人層は日本に滞在する意欲がなく、数は非常に限られている。さらには会社や大学内の序列階級制度の中で、日本人が外国人を受け入れることは少なく、外国人の専門家や知識人がその中で昇進することはごくわずかだと思われる。

在日イラン人社会にはほぼ政治色はない。イラン・イスラム共和国体制に対する敵意もなく、ごく稀に独特の政治思想を持った人がいるだけだ。信仰心の篤いイラン人は多く、ラマダン等の宗教行事には大勢のイラン人が参加する。

日本でのイラン人による最初の政治抗議運動は、二〇〇九年の大統領選の結果をめぐるものであり、数人が大使館の前でスローガンを叫んでいた。その中に一人の非常に熱心なイラン人がいたが、のちにアメリカからお金を受け取り抗議活動に勤しんでいたことがわかった！　しかし他の学生は出来事への抗議において誠実であり真剣であった。以前から交流のあった数人のイラン人には大使館内へ入ってもらい、何回か直接対話をしたこともあった。これは双方にとり有益だったと思っている。徐々にその厳しい環境も沈静化し、学生たちも通常の研究や勉強に戻り、その後も大使館との交流は保っていた。

二〇〇九年の大統領選

二〇〇九年の大統領選へ向けて大規模な計画を練り実行に移した。在京大使館として初めて移動投票所を設け、在日イラン人の多い、大阪、名古屋、そして仙台の各都市に投票所を設けた。前もって各都市在住のイラン人には通知をし、大使館職員を選挙管理委員として派遣することを決めた。さらに、四つの刑務所でも投票の機会を設けた。日本政府は刑務所での投票に対し、当初激しく反発し抵抗した。しかし私は、参政権はすべてのイラン人が享受する民主主義国家の権利であり、選挙権が奪われるならメディアに公表すると伝えた。日本政府も最終的には同意した。

当時、一六か一七の刑務所に約四五〇人のイラン人受刑者が収容されていた。しかし残念ながら人員や時間の制約から、すなわち投票は必ず投票日一日で行う必要があったため、四つの刑務所でしか実施できなかった。この投票の知らせは刑務所内で爆発的に広まったようで、他国籍の受刑者は、イラン政府はいったいどうやって自国民が投票する環境を整備したのかと驚いていたようだ。

大使館内と移動投票所のすべてに、大使館職員と一部の在日イラン人の力を得て選挙管理委員会を設置し、無事に開催することができ、非常に多くのイラン人が選挙に足を運んでくれた。日本各地での全投票数は一〇五〇票で、かなりの数であった。比較すると、二〇一三年の大統領選では二四四人、二〇一七年の大統領選では五〇五人の在日イラン人が選挙権を行使した。もちろん各選挙時の政治状況を勘案する必要はある。

イラン人コミュニティとの交流

在日イラン人コミュニティとの密接な交流を築くことは、在任中の目標の一つであった。これは、大使館および大使の主要任務の一つである、イラン人同胞の保護の観点から、また、在日イラン人に価値や自己肯定感を与え、イラン人としてのアイデンティティを強化する観点から重要であった。さらには大使館業務の促進のため在日イラン人の力を活用することも、一つの好機ととらえた。もちろん、その影響力やロビー活動力に頼ることのできる人は非常に限られている。経済の分野では二人か三人から力添えをもらった。学術の分野では数人協力があった。いずれにせよ、この少人数の能力やポテンシャルを見過ごさず、彼らの力を借り、有意義な仕事を遂行することができた。

私はあらゆる階層のイラン人と交流を築き、それぞれの主義主張に合わせて対応した。イラン人コミュニティとの交流は包摂的でなければならず、またそれぞれのイラン人の状況に応じて交流する必要があることは知悉していた。原則として、来館するイラン人には敬意を持って接し、彼らの威厳や自尊心を尊重した。それによりイラン人たちも敬意を持って職員と接し、大使館の威信を守ってくれた。

在日イラン人にアイデンティティと自己肯定感を

日本は歴史的・文化的な理由により移民に開かれた社会ではない。西側諸国では多様性や移民を受け入れる文化が根付いており、移民は自らの文化や伝統を守り、多かれ少なかれ移住先の社会に融合できるが、日本は必ずしもそうではなかった。まさにこの日本の移民に対する非許容性ゆえに、特に学術界以外の各界で活動している在日イラン人は、ある意味、自らの帰属意識やアイデンティティを喪失していた。

在日コミュニティとの交流では、彼らにアイデンティティを取り戻してもらい、自己肯定感を与えることが目標の一つであった。彼らと家族を大使館での宗教行事や国家行事等に招待し、時にはギフトを贈呈することもあった。

単純労働者、留学生、卒業生、専門家、ビジネスパーソン、あらゆるイラン人と包摂的な交流を持つには総合的なデータベースが必要であり、大使館職員に作成を指示した。大変な作業であったが、領事部の記録ファイルを活用して出来上がり、非常に功を奏した。私はフィンランドでも同様のことをしており、データベースがどれほど有益か知っていた。

データベースを用い、様々な形でイラン人コミュニティとの連絡と交流に勤しんだ。国家的・宗教的祝祭日には在日イラン人全員にお祝いのレターを送った。レターは受取人の名前宛で、一枚一枚に私は直筆で署名をした。決して宛名なしや、署名もコピーという形にはしなかった。私の温かいサインを、それぞれのメッセージのもとに目にすることができたのである。レターやカードはこのように喜ばしく好ましいメッセージとして送られた。大使自ら署名したレターを受け取ったイラン人は、自らの名前宛に届いたことに非常に喜んでくれたと思う。アイデンティティと帰属意識を感じ取り、家族の前でレターを高く持ち上げて自慢してくれたとも後になって聞いた。

ノウルーズの祝祭、コーラン中のお年玉

宗教・国家行事、中でもノウルーズ（イラン暦新年）の祝祭には八〇〇人以上の大勢のイラン人が参加してくれた。都内と近郊のイラン人人口を勘案すると、八〇〇人は相当な数である。東京から遠く離れた都市からも参加してくれた。彼らの多くが長年日本で、アイデンティティを喪失し、ある種の屈辱感に苛まれていた。宛名が自らの名前の、母国の大使の署名のあるカードを受け取ると、アイデンティティと自己肯定感を取り戻していた。そして積極的に参加してくれた。

日本人妻と子供たちの手を取り、大使館でのノウルーズの祝祭に参加してくれたイラン人が多くいた。「ハフト・スィーン（七つの縁起物）」の飾り付けのそばに立ち、興奮しワクワクした様子で飾り物の一つひとつを妻子に説明していた。大使館職員はハフト・スィーンを美しく優れた美的感覚で飾り付けた。チェロウ・ケバブ（ライスと串焼き肉）やイラン料理の色とりどりの食卓のそばで記念写真を撮っていた。表情から、長年の喪失感から解放され、ようやく自らの価値を見いだしている様子が見てとれた。大使館で開催した行事での最大の成果は、在日イラン人がアイデンティティと自己肯定感を取り戻したことだったと思う。

ノウルーズの儀式は徹底して完璧に開催した。ハフト・スィーンの飾り付けから聖典コーランに挟んだお年玉に至るまでだ。五〇トマンと一〇〇トマンの紙幣を用意し、私自ら入り口に立ち、お客さんたちが退場する際、イランの慣習に沿ってコーランの間に挟んだ「お年玉」を受け

取ってもらった。紙幣に金銭的な価値はなかったが、このこと自体が皆にとって非常に興味深いものだった。それは客人たちの反応から見てとれた。日本人妻や子供のいる皆が、興奮して家族に対しこの慣習について説明し、子供達にもコーランのお年玉を受け取るよう促していた。

何人かのイラン人は、その翌年のノウルーズの式典に参加した際、前年の紙幣を大切に取っていて、今も財布の中に入れていると嬉しそうに見せてくれた。イラン人には、「このお金は使わず、財布に入れておいてください。そうすれば金運が上がるでしょう。なぜならコーランの中から出てきたものですから」と語った。ある時一人のイラン人が言った。「大使、あなたは本当に賢い方ですね。イマーム・ホメイニ師の写真をすべてのイラン人の財布に入れるには、これ以外の方法はないですから！」

宗教行事

宗教行事にも多くのイラン人が参加してくれた。ほぼすべての宗教関連行事を開催した。ムハッラム月（シーア派第三代イマームの殉教を追悼する儀式の月）最初の一〇日間では時に四〇〇人以上の参加者もいた。ラマダン月には毎晩のように会を開き、断食明けのお祈りの会も開催した。想像もしなかったことだが、イラン人は大きな関心を寄せて参加し、断食明けの喜捨もしてくれた。

宗教行事にはイランからイスラム法学者を招聘することもあったが、多くの場合、コムの神学校を卒業した日本人のシーア派聖職者のイブラヒーム澤田達一氏に来てもらった。澤田氏の父モハンマド・ガーエム・サファー・澤田氏は諸宗教を研究したのち、五〇歳でムスリムに改宗した。氏は七年後シーア派となり、子息であるイブラヒーム氏をイスラム学習のためにコムへと送った。日本におけるシーア派イスラムの普及に大きな役割を果たした人物である。

ムハッラム月とラマダン月には何度か、演説に長けたモハンマド・ハッサン・シャリーアトザーデ氏を招待した。氏は私の旧友であり、フィンランド大使時にも招聘した。素晴らしい説法を行うが、同時に非常に謙虚で庶民を大切にする人である。あらゆる階層のイラン人と仲良くなり、人々はたちまちに氏の人柄に惹かれていった。フィンランド在住と日本在住のイラン人の中には今も氏と親交があり、イランへ帰省すると氏のもとを訪れる人もいるほどだ。

フィンランドで初めて氏を招聘し開催した会では、大使館職員以外に四人しか参加していなかったが、在任中最後の会では一二〇人以上の参加者がおり、その後北欧での最も評判の良いイスラムセンターの設立に至った。

金の鍋！

非常に興味深い行事の一つに、シーア派第八代イマーム生誕祭の開催がある。その日付がイラン暦一三八八年八月八日であったことから、特別な行事として開催した。大規模な式典を準備し、スポーツや文化のコンテストに加え、料理コンテストも行い、優勝から三位までの受賞者にそれぞれ、金、銀、銅の鍋の賞品を用意した。その日の夕食は外交官夫人らが腕をふるった。色とりどりの様々な料理を作ってくれ、男性らはとても喜んでいた！　最後には無記名投票が行われ、私の妻が作った料理が金の鍋賞を獲得した。信じてもらえないかもしれないが、投票は本当に公正公平なものだった！

大使夫人である私の妻の主催で行った「女性の日（預言者の娘・ファーティマの生誕日）」のレセプションでは、各界の日本人女性を招待した。初年の二〇〇八年には九人の国会議員、外務大臣夫人、政府高官夫人、芸術家や文化人など、日本の傑出した一二〇人の女性が参加してくれた。本省からスカーフも取り寄せ用意しておいた。それほど高価なものではなかったが、記念のお土産として一人ひとりに一輪の花とともにスカーフを贈呈した。あるイラン人女性はのちに、「とても賢いやり方でヒジャブを宣伝しましたね」との伝言をくれた。レセプションなどでお土産を持たせることは日本人の習慣であり、我々もそれに見習ったのだ。お土産は小さなものだったが意義深く、心理的に良い印象をもたらす。在任中、女性の日のレセプションは毎年開催した。

著名な在日イラン人

モハマド・ナギザデ氏は明治学院大学で教鞭をとっていた研究者である。氏は一九七四年留学のため来日し、日本の数多くの大学や研究機関での研究を終えると、日本に残り教育と研究を続けた。ナギザデ教授はペルシャ語、英語、日本語に精通しており、日本で多くの研究学術職を

叙勲を受章したモハマド・ナギザデ教授が大使から記念品を贈呈される様子
（2008年12月25日、イラン大使館）

「イラン日本文化協定発効50周年記念セミナー」にて講演するハーシェム・ラジャブザーデ博士（2008年12月20日、イラン大使館）

担ってきた。二〇〇六年出版の著『日本の経済思想及び発展の起源：継続と変革』（ペルシャ語）は、イラン・イスラム共和国ブックオブザイヤーに輝いた。

ナギザデ教授は、イラン人の経済学者・日本研究者として初めて瑞宝小綬章を受章した。二〇〇八年一一月三日、日本科学教育の振興・発展に寄与したとして、日本の文化の日に天皇から同章を受章した。二〇〇八年一二月二五日には教授の業績を顕彰する式典を大使館で行い、イランと日本の研究者や学生が集まってくれた。

もう一人の傑出した学術界の在日イラン人はハーシェム・ラジャブザーデ博士であり、博士もやはり叙勲を受けている。氏はテヘラン大学で法学博士を取得し、一九七〇年から一九八二年までイラン外務省に勤務していた。早期退官後、一九八二年から二〇一三年まで大阪外国語大学でペルシャ語・ペルシャ文学の教鞭をとっていた。博士には多くの著作があり、また日本人が綴ったほぼすべてのイラン旅行記をペルシャ語に翻訳・出版している。これらの旅行記はイランと日本の関係における貴重な宝である。

ラジャブザーデ博士は二〇〇九年五月一三日、イラン文明と文化の日本への紹介と、日本文学と文化のイランへの紹介、さらには二七年にわたる日本の大学でのペルシャ語教育などを讃えられ、瑞宝小綬章を受章している。

最後に、山村邦子（イラン名：サバー・バーバーイ）氏を紹介する必要がある。氏は一九五八年イスラム教に改宗し、アサドッラー・バーバーイという、日本で絨毯業を営んでいた男性と結婚し一九六〇年、夫と二人でイランへ移住した。子息のモハンマド・バーバーイ氏は一九八三年イラン・イラク戦争で戦死した。バーバーイ氏は日本人で唯一の殉教者の母である。

バーバーイ氏の夫は二〇〇五年逝去するが氏はイランに残り、社会的活動を続けた。その後テヘラン平和博物館でも貢献し、戦争負傷者や化学兵器被害者たちに尽くした。広島の平和記念式典に参列した化学兵器被害者たちとともに、何度かバーバーイ氏と会ったことがある。一行の母のような存在で、通訳や諸々の繁務を担っていた。その後しばらくしてからテヘランでもお目にかかる機会があったが、優しく慈愛に満ちた顔の、そして常に黒のチャードルを着用した、信心深く愛おしいおばあちゃんのような存在だった。

バーバーイ氏は二〇二二年、その八三年の生涯を閉じた。亡くなる直前まで社会活動に従事していた。氏の回想は『日出づる国の移住者』（ペルシャ語）という本になっており、非常に読み応えのある本だ。

イラン人留学生

在日イラン人コミュニティの構成は、大量の労働者の帰還以降、知識人層、すなわち留学生や大学教員、専門家や研究者が増える傾向にあった。もちろんイラン人学生にとっては日本という国は留学先としてさほど人気はない。自ら決断し自費で日本に留学する学生は少ないと思う。日本での生活は、難しい言葉、未知の文化、そして高い生活費などから、学生それもイラン人学生にとってはとても困難なのである。多くのイラン人留学生は、イラン科学技術省あるいは日本の文部科学省の奨学生であり、学費や生活費のすべてを国が負担している。

イラン人留学生や卒業生は二〇〇四年、「在日イラン人学術協会（ＡＳＩＪ）」を設立した。同会は、政治色はないものの大使館との関係を保っており、年次総会などには大使館も協力している。私も何度か同会の行事に参加し、メンバーと懇談する機会があった。イラン科学技術省の東アジア代表であるアーリー氏、そして元外務大臣のザリーフ氏がイスラム自由大学副学長を務めていた時、同会の行事に参加し、講演を行った。

文部科学省の奨学生

日本政府の在外公館は試験と面接により、日本の大学の学部、修士課程、博士課程へ進学したい学生を選抜し、日本へと派遣する。かつて文科省の奨学生として日本留学の経験のある卒業生が、テヘランで卒業生の会を設立した。

私の在任最後の年にはイラン人留学生の数はさらに増えていた。その理由としては、私費留学生やイラン学生の留学希望の高まりがあり、さらには、より多くの留学生を受け入れるという日本政府の新たな政策が背景にあった。日本は、各大学にとって大きな収入源である外国人留学生の受け入れにおいて遅れをとっていることに気づいていた。日本の近隣諸国は留学生の獲得に必死に動いており、例えばマレーシアでは、イラン人留学生だけでも一万人以上が就学しており、それに対して当時の日本国内のイラン人留学生は三〇〇人にも満たなかった。

そこで日本政府は、今後数年間で全世界からの留学生の数を三〇万人に増やすという計画を立てた。各国の留学生が日本を留学先として選ばない二つの主な理由に、授業が英語で行われないことと高い費用があげられる。日本政府は中長期計画を立て、いくつかの大学では英語での授業を行い、さらには学生寮や滞在費の問題も解決すべく取り組んだ。

イラン人ヤクザ

一九八〇年代、仕事を求めて日本に押し寄せた大量のイラン人は、そのほぼすべてが単純労働者であり専門的知識のない人たち、すなわち高等教育を受けていない教養の低い階層であった。当然この階層にもその独自の文化がある。このグループの中でも、バブル経済後も日本に残った人たちの中には、残念ながら犯罪に手を染めた人たちもいた。

私の理解では、バブル経済期に来日したイラン人一〇万人のうち二千人から三千人が残り、そのうち一〇%から二〇%が犯罪に手を染め、「イラン人ヤクザ」が誕生してしまったと推測する。さらには日本での犯罪は巨額の収益があると聞きつけ、違法手段で、時にはブローカーに大金を支払って日本へやってきたがすぐに警察に捕まるという人もいた。

日本人ヤクザとの徒弟関係

このごく限られたイラン人犯罪者は、当初は偽造テレフォンカードの密売からはじめ、徐々に麻薬の密売に移り、ヤクザの手先となっていった。インターネットやSNSが普及する前、テレカ販売は儲けがあった。一部のイラン人が日本の反社会的勢力とグルになってテレカを偽造し密売している、と言われていた。このような軽犯罪が徐々に重犯罪、麻薬犯罪へとエスカレートしていった。

在日外国人犯罪者の間である種の仕事分担があることは有名だった。フィリピン人犯罪者は売春、中国人はコソ泥、イラン人は麻薬の密売だった。その麻薬は日本のヤクザ(反社会的勢力)が密輸し、密売をイラン人に任せていた。つまり日本人ヤクザの使い走りをしていたのだ。密輸の世界に入った理由としては、その大きな収益の誘惑にあった。

ヤクザ:日本のマフィア

ヤクザの幹部と警察の間には不文律の決まりがあり、双方が相手の立場を尊重している、と言われていた。ヤクザは自らの縄張りから外に踏み出さず、警察もヤクザが自らのシマの枠内で動いている限り、静観し介入することはないという。ある日本人情報筋は言う。暴力団員を把握していることは警察の利益にもかなうことだと。密輸された麻薬は買い求める人がいるため、どうしても広がっていってしまう。であるなら、把握している暴力団員によって密売された方がいい。こうして警察は状況を監視し、いつでも一斉検挙することができる。

イラン人犯罪者に関しても、彼らがレッドラインと範囲を守っている限り、警察は何もしなかったと考えられる。逮捕されたイラン人は、決められた範囲を超えてしまった人たちだった。もちろんこれは私の理解であり、証拠はない。例えば抗争や喧嘩、殺人事件はレッドラインであり、警察は黙認するわけにはいかない。

他方、ヤクザを騙すこともまたレッドラインであった。イラン人の間では、ヤクザは裏切り者は決して許さないことで有名だった。イランに帰国したとしても追跡し報復する。あるイラン人はヤクザの大金を持ってイランへ逃亡した。ヤクザは人を雇い、イラン人の結婚式の夜に村へ行き、刀で腹部を刺したという話も伝わっている。これらの話には裏づける証拠等はなかったが、イラン人の間では広まっていた話だ。

一見すると莫大な麻薬密売の利益

麻薬密売ははじめの頃は、莫大な利益があった。中には親族や友人をも日本での密売目的で連れてきていたイラン人もいた。入国ビザ取得は容易ではなく、人身売買ビジネスもまた多く行われた。ブローカーは最大で二万ドルほども受け取って日本に入国させていたと言われていた。支払った側も、日本に入国さえできれば一回か二回の密売で密入国手数料を稼げるだろうと安易に考えていた。しかし密入国者のほとんどがすぐに捕まった。ある若い受刑者と面会した際、彼は手数料を稼ぐこともできずに収監されてしまったようだった。大使館の受刑者担当外交官は毎週日本各地の刑務所を訪問し、面会していた。私自身も二、三カ月に一度は刑務所を訪問し、面会の中で重要な事柄を知った。

麻薬密売と密売に関わるマフィアの世界は奇妙で複雑な世界であった。その一つに、密売人の携帯一台あたりの莫大な価格があった。当時は、ＳＩＭカードは携帯電話に固定されていた。麻薬の顧客は売人の携帯に電話をしブツを買っていた。売人の携帯は、登録されていた顧客の数が多ければ多いほど高値をついた。中には一台の値段が数億トマンもする携帯もあったと聞いたことがある。それだけでは終わらず、この売人の携帯を巡って流血の抗争、時には殺人事件が発生していた。あるガタイのいいイラン人受刑者は、この携帯をめぐる抗争で二人を殺害した。刑期はまだ二〇年も残っていたが、殺された二人の家族は受刑者が釈放されイランへ戻ることを待っていた。

イラン人の犯罪に対する日本人の見方

一部のイラン人の犯罪は、残念なことにイランとイラン人の名を犯罪というイメージで汚してしまった。大変遺憾なことに、イランは中国に次いで犯罪で悪名高い国となった！　あるイラン人留学生は語る。入学初日、彼がイラン国籍だと知らない別の留学生が、「大学の最寄りの地下鉄の駅を使う時は、あちらの出口から出ない方がいいよ。あの出口のところにはいつもイラン人ヤクザがいて、危ないから」とアドバイスしてくれたという！

残念なことにこのごく一部のイラン人の犯罪により、イランのイメージが傷つき、毎月のように新聞等で、イラン国籍の流血の抗争や麻薬密売人の逮捕のニュースが報道されていた。

一方で日本人、特に政府要人は面談の際には礼節を守り、イラン人犯罪について直接触れることは一切なかった。

イラン人の埋葬

イラン人ヤクザの犯罪は、大使館にとっても大変厄介なことだった。その多くは被疑者や受刑者に関するもので、彼らのグループ間の、また日本人ヤクザとの抗争は、犠牲者をともなうこともあった。在任中一度、警察から大使館に連絡があり、炎上した車の中から半焼死体が発見されたが、現場の証拠などでは麻薬密輸グループ間の抗争で亡くなったイラン人と思われる、とのことだった。遺体の一部、特に胸部は焼けておらず、胸ポケットにコーランがあったという。そのためイラン人ではないかとの推測を立てたのだ。領事が現場に行き、国籍を確認したところ、ヤクザとの抗争で殺害されたイラン人であった。

家族に連絡し、警察にもムスリムであるイラン人である以上、イスラムの戒律に従って遺体を本国へ送り、埋葬する必要があると伝えた。何度も、大使館の許可なしに遺体を処理しないようお願いした。しかし婚約者か交際していた女性が遺体を引き取り、火葬してしまった。この知らせを聞いた時私は心底怒りを覚えた。外務省に対し口上書を送り、このイラン人はムスリムであり、埋葬されるべきだったのに、なぜ大使館側の要望にもかかわらず遺体を火葬処理したのかと抗議した。

他方でイラン本国の遺族から何度も問い合わせがきていた。毎日のように大使館に連絡がきて、遺体をイランへ送るようお願いされた。遺骨をイランへ送ることにした。日本では遺骨を壺のような容器に入れ、喪主に渡す。私は遺骨であっても、戒律に基づき埋葬しなければならないと強く言った。骨壺をイランへ送ろうとしたが、婚約者が阻止し、引き渡してくれなかった。「彼のことが好きだから、私の手元に置いておきたい」大使館側はそれでも粘り強く説得し、最終的には骨壺を引き渡してくれた。

日本では死者の骨壺を四九日家に置いておき、その後一家一族の墓に納骨する。

イラン人受刑者の置かれた状況

犯罪者の行き着く先は刑務所である。在任中、日本国内に散在する一六か一七の刑務所に、約四五〇人のイラン人受刑者が収容されており、東京から非常に離れた刑務所で服役している受刑者もいた。私は着任時から、受刑者の権利擁護を領事部の優先課題と位置づけていた。

イラン人受刑者は自ら犯した罪を償っている。しかし異国の地で収容され、さらには差別の問題もあった。大使館の責務は受刑者の権利保護、差別防止、異国の地ゆえの寂しさを少しでも取り除くことにあった。領事部の優秀な外交官をこの重要な任務に任命するか、あるいは本省に仕事のできる人材を送るよう要請しようかと考えていた。受刑者に関する仕事を、自らの弟が刑務所に収容されているかのごとく、思いやりの気持ちをもってフォローアップできる人を探していたのだ。

大使館の優秀な外交官であるホセイン・シラジアン氏は、私の考えを理解すると、私に任せてくださいと志願してくれた。大使館の別の部署担当であったが、氏を領事部に配置し、受刑者担当官に任命した。公平に見ても、約束した通りに仕事をし、あまりにもイラン人受刑者に対し情に厚すぎて、時には私を悩ますほどであった！

シラジアン氏はイラン人受刑者の置かれた状況を調査し視察するため、きちんとした計画を立てていた。ほぼ毎週イラン人受刑者との面会のため、遠く離れた刑務所であれ、訪問していた。私自身もほぼ二、三カ月に一回はイラン人受刑者との面会に赴き、彼らの話を聞いた。この訪問は、醜いあるいは美しい思い出を私の脳裏に刻んだ。

日本の刑務所

日本の刑務所に収容されているイラン人は拷問とも言うべき困難な環境にある。日本の刑務所の拷問とは、鉄のごとき厳格な規律であり、非常に厳しい規則のことである。受刑者は決して肉体的な懲罰や拷問は受けないが、あまりにも厳しい規律と規則に縛られているため、受刑者の精神はやられてしまう。それは異なる文化で育った受刑者、日本の規律正しい生活様式に慣れていない収容者にとっては、特に厳しいものである。

私は刑事施設訪問の際、作業所も見学した。厳格な規則により、刑務作業中の受刑者は決して仕事から視線を逸らし、あちこち見てはならず、万が一そのようなことがあれば懲罰が待っていた。受刑者がキョロキョロしたり、言葉を発したりすると、懲罰処分になる。懲罰とは、非常に狭い懲罰房に閉じ込められ、受刑者はそこで正座をし、ただ壁の一点を見つめ続けるのである。

刑務所訪問の際には、私は最初に刑務所長と面談し、イラン人受刑者が抱える問題や苦情を伝えた。刑務所長に対する最初のお願いは、作業所見学の際に、私の方を見て挨拶をするイラン人もいるかと思うが、叱責しないでほしいことだった。イラン人の文化と道徳として、人と人とが会う時、少し頭を下げるだけであっても、必ず挨拶をしなければならないことを説明した。刑務所の規則はあまりにも厳しく、この点を必ず刑務所長に伝える必要があった。なぜなら刑務所訪問後、何人かの受刑者が大使館へ宛てた信書の中で、作業中の挨拶のため懲罰処分となったと書いていたからだ！　作業所の見学は本当に興味深いものだった。一〇〇人ほどの受刑者が座って作業をしている場所で、通路を通り過ぎた際、イラン人がいた場合、自然と目と目が合うことが何度もあった。中にはわかっているという目線で頭を下げる人や視線を下げてみる人も、また刑務官を恐れて作業から視線を逸らさない人も、あるいは私に気づいていても反応を示さないイラン人もいた。

　収容されたイラン人は細かいことから大きなことまで数多くの問題を抱えていた。その中に集団入浴の問題があり、受刑者は入浴する際全裸になる必要があった。イラン人たちは、「私には羞恥心があり、とても辛いことだ」と語っていた。刑務所長に伝えると、なぜイラン人は恥ずかしがるのか不思議そうにしていた！　他には、体毛やムダ毛を剃ることは刑務所では許されておらず、これもまたイラン人にはとても辛いことだった。

　このような細かな問題にはじまり、イスラム教の礼拝やラマダン月の断食の問題、すなわち昼食と夕食を、日没後の食事と日の出前の食事用にとっておいてくれないという問題もあった。さらにはハラール肉、またイラン人受刑者と刑務官との衝突や喧嘩などに至るまで問題だらけだった。気性の荒いイラン人も多く、また、あまりの厳格さや規律に疲れ果て、堪忍袋の尾が切れ、喧嘩をふっかける受刑者もいたし、相部屋の受刑者とのいざこざなどもあった。

天皇への六〇〇ページの信書！

　前述した、抗争で二人を殺害したあるイラン人はがっちりした体格で、落ち着きのない若い受刑者だった。迫害されていると思い込み、ペルシャ語で日本の天皇に嘆願書を、それも一ページや二ページではなく、何百ページも書いていた。一度六〇〇ページの信書を書き、面会の際に私への手渡しを希望した。受刑者には大使館関係者との面会の中で直接何かを譲渡したり受理したりする権利はない。その受刑者との面会の前、刑務官は言った。「大使、この受刑者は大使に何か渡そうとしますが受け取らないでください！」。受刑者はその頑固さと強情さから刑務官の指示に耳を貸すことはなく、刑務官も辟易し、恐れてさえいた。

他の受刑者にとって恐ろしい刑務官たちが、このイラン人を恐れ、大使に何も渡さないようにと注意する代わりに、私に彼から何も受け取らないでくださいと言わせたのである。六〇〇ページの信書は刑務所経由で私の手元に届き、彼に対して確かに天皇に送ると約束し、その通り送った。

受刑者は常に監視カメラによって監視下に置かれ、非常に厳しい状況にあった。さらに悪いことに四人から八人の集団房があり、一つの部屋で中国人や日本人の犯罪者と隣り合わせで生活をし、寝食をともにすることは精神的に非常に窮屈だった。部屋の一角には敷居もないトイレが置かれてあった。他の国籍の受刑者とは異なり、これもまたイラン人にとっては非常に辛いことであった。イラン人受刑者の一番の願望は、おそらく読者が考えていることに反し、単独房への移動であった！　イラン人にとっては集団房での生活は拷問以外の何物でもなかった。大使館の力でなんとかして単独房へ移してほしいと懇願するイラン人も中にはいた。これらの部屋や収容状況を見学した際、そこでの生活を想像することでさえ、私には困難であった。

イラン人受刑者の更生と改善のためのイニシアティブ

このような状況下で、大使館はイラン人受刑者の処遇改善に努めた。担当の参事官は受刑者対策において重責を担い、面会に行く前にはイラン在住の受刑者の家族と電話で連絡をとり、受刑者への伝言があれば伝えるので言ってください、と言っていた。

刑務所に面会に行き、家族からの伝言を伝え、例えば、昨晩あなたのお母さんと電話で話したが元気な様子だったなどと伝えた。受刑者たちも家族への伝言を参事官に託し、参事官は後日、受刑者の家族に電話で伝えた。大使館宛の受刑者からの手紙はすべて目を通し、返信を送っていた。日本の刑務所の状況に照らし、手紙を受け取ることは非常に嬉しく勇気づけられることだった。

時に受刑者からの手紙には、処遇に関する法的な質問も、またイスラム教の戒律に関する質問もあった。シラジアン参事官は正確に回答を見いだし、答えていた。イスラム法学者聖職者が来日すると、刑務所へ慰問に行ってもらった。特にムハッラム月とラマダン月には国内の数カ所の刑務所を訪問し、受刑者と対話し、ロウゼ（シーア派第三代イマームの殉教語り）も朗唱してもらった。

巡回図書館

シラジアン参事官が始めたユニークな取り組みの一つに、イラン人受刑者へのペルシャ語の書籍の貸し出しがあった。読み終わった後、この住所に返却してくださいと、返信用の封筒と切手も入れメモを添えて送っていた。この取り組みは非常に歓迎され、しばらくしてから受刑者の中には、自ら保有する、あるいは家族が送ってくれた書籍を、他の刑務所に収容されている受刑者も閲覧できるよう、大使館に送ってくれていた。

このように、自然と巡回図書館が出来上がった。次の取り組みとして、新聞の送付があった。イランの新聞をウェブサイト上からダウンロード・プリントアウトし、各刑務所の受刑者個人宛に送ったところ、非常に歓迎され、満足していた様子だった。書籍や新聞の郵送費は決して少額ではなく、大使館経理部の担当官から苦情の声が上がったが、価値ある取り組みであった。

大統領選での受刑者の投票

二〇〇九年の大統領選が近づき、投票箱を刑務所にも設け、囚われの身のイラン人にも選挙権を行使してもらうことを決めた。これはまさに受刑者にアイデンティティと自己肯定感を取り戻してもらうものだった。大変な作業であった。日本側は当初受け入れてくれなかったが、何度か日本外務省と協議をし、外務省経由で法務省と各刑事施設が受け入れてくれた。日本側は語る。「我が国の刑事施設史上、刑務所内に投票所を設置し、受刑者が投票する前例はない」私はそれに対し、投票は個人が持つ民主主義の権利であると述べた。実際、四つの刑務所内で移動投票所を設けることができた。

日本側には信じられないことだっただろう。各刑務所で一〇人から一二人の受刑者が選挙に参加し、票を投じた。投票は一日という限られた時間で行うこと、距離が離れていることから、一七全部の刑務所に投票の機会を設けることはできなかった。この措置は良い宣伝効果があった。イラン大使館が受刑者にも投票の機会を与えたことが日本全国に知れ渡った。興味深いことに、すべてのイラン人受刑者は、大統領選の候補者とその経歴などの詳細を知っていた。その情報は、まさに前述した新聞で得ていたようだった。

イラン人の誇りと自尊心

イラン人受刑者が犯した罪は別にして、彼らの尊厳と自尊心を常に尊重し守った。受刑者は厳しい環境に置かれており、服役の苦痛のほか、望郷心の苦しさをも耐え忍んでいた。それゆえ屈辱を与えるようなことは決して許さなかった。一度警視庁の警察官が、釈放間際のイラン人受刑者を旅券発行のために大使館領事部へ連行してきたが、その際手錠がはめられていた。イラン人が、祖国であるイラン大使館に手錠をはめられた状態で入館することは決して許さないと警察官に伝えるよう部下に指示した。そのイラン人を保証することを請け負い、最終的には警察官は折れて手錠を外し入館する許可を与えた。

受刑者移送条約

着任後、そして受刑者との最初の面会後、両国の受刑者移送条約の締結について考えを巡らし、離任時までに条約締結をフォローアップした。

二〇〇八年、締結へ向けての日本側の事前了承を得て、イランの司法府担当者一行が来日し、第一回目の予備協議が日本法務省との間で、東京で行われた。このニュースは各地の刑務所へ広まり、イラン人受刑者から必ず聞かれることに、「移送条約はいつ締結され、実施されますか?」という質問があった。様々な障害要因があり、また協議や検討は日本側の忍耐強さと高い正確性ゆえ、ゆっくりと進んだ。何度も協議を重ねた。相手国の関連法令に関する双方の疑問点を一つひとつ払拭していった。

最終的には、在任中の願望の一つであった同条約は私の離任後、ナザルアハリ大使時代の二〇一五年一月九日、東京で岸田外務大臣により、翌一〇日テヘランにてプールモハンマディ司法大臣により署名が行われ、両国の国会承認を経て、二〇一六年八月に効力が発生することとなった。

第一〇章　東日本大震災

東京在任中の大きな出来事として、二〇一一年三月一一日の東日本大震災をあげなければならない。巨大地震より恐ろしいことに大津波があり、さらには津波による東京電力福島第一原子力発電所への甚大な被害があった。史上最も深刻な原子力事故となりかねない、前例のない事態であった。災害そのものと日本人の対応、危機管理の点でも、大使館と大使館職員ならびに家族のマネージメント、さらには被災者の方々への支援という点でも、私がそれまで経験したことのない事態だった。

マグニチュード九・〇の巨大地震が、仙台市から一〇〇キロほど、東京から四〇〇キロほど離れた太平洋の海中を震源として発生した。日本で発生した最大規模の地震であり、一九〇〇年以降世界で五番目の規模の大きな地震である。マグニチュード九・〇の地震が約三分間、地面をゆりかごのように揺らし、それはこの世の終わりのようであった。巨大な振動は中国東沿岸やロシアをも揺らした。地震の巨大さに加え、凄まじい津波と、さらなる悲劇としての原発事故は非常に恐ろしいものだった。

最後の審判の日……!

大地震は午後二時四六分に襲ってきた。私は面談のため外出していた。乗っていた車が赤信号で停車している時、地震が始まった。停車中の車がゆりかごのように右へ左へと揺れているのに気づいた。最初は運転手がブレーキとアクセルで遊んでいるのかと思った。「何をやっているんだ?」「地震です」車の外に出た。はっきりと足元の地面がうねり波打っているのがわかった。

道路の両側には高層ビルが立ち並んでいて、ビルは振り子のように凄まじく揺れていた。人々は右往左往していた。映画でしか見たことのない光景だ。人々は急いでビルから外へと駆け出てくる。高層ビルは次の瞬間にも頭上に崩れ落ちてくるのではと思った。この奇妙でおぞましい光景が三分近くも続いた。地震は終わらないのではとさえ思った。五秒や一〇秒の地震を経験したことのある人なら、この三分が永遠とも思えるほど長い時間であることが想像できるだろう。もはや終末であり、最後の審判の日と思ったのも誇張ではない。

大使館での危機管理

おかげさまで大使館が倒壊することはなかった。日本の最先端の耐震技術が用いられ、耐震設計が施されていたからだ。耐震の鍵は建物の柔軟性であり、建物が地震と共振して揺れれば倒壊することはない。最新の技術では、高層ビルの土台部分には免震・制震のためのダンパーが据えつけられており、地震の際にはたやすく前後左右に揺り動かし、倒壊を防いでいる。地震の恐怖が去ったのち、私の体中を不安が襲った。大使館職員と家族の安否が心配だった。しかしスケジュール通りの面談に行かざるを得なかった。

面談での話題は、テレビ各局が刻々と報道する地震のニュースのみであった。突然、次の恐ろしい出来事、すなわち津波のニュースが伝えられた。応接室のテレビモニターは津波のおぞましい映像を映していた。大使館職員のことが心配でならなかったが、どの携帯電話も電波が繋がらなかった。日本全国のほぼすべての人が同時に、家族等の安否確認のために携帯で連絡を取ろうとしていたと思われ、回線はパンクしていた。もはや泰然と座してはおれず、面談を早めに切り上げ大使館に向かった。

心はまったく穏やかではなかった。地下鉄の全路線も、地震の際のガイドラインに則って停止・運休したようだ。街で人々が怯えうろたえてあっちへ行ったりこっちへ走るのを見て、さらに心配になった。日本の建物は最先端技術を活用しており、地震に耐えることができたようだったが、私は瞬時に思った。「これらの建物は日本人が一から百まで苦労して耐震基準をきちんと守り建てたが、大使館敷地内の官舎はどうなっているのか？　イラン人学校の建物はどうなっているのか？　職員と家族は果たして無事だろうか？」大使館の建物は二〇〇四年に建て替えし、耐震設計が施されていたため安心ではあった。しかし公邸、官舎、学校の建物はそうではない。

建物は古く、何年もかけて修復をしていた。耐震基準がどこまで守られているか確かではなかった。大使館の敷地内の二棟の官舎、坂を挟んで大使館の向かいにある旧大使館のイラン人学校の建物のことが心配でならなかった。

大使館への帰路、最初は軽い渋滞、そして徐々に激しい渋滞に巻き込まれた。地下鉄は止まっており、すべての移動は地上で行われていた。政府は緊急事態宣言を発出し、地下鉄、船舶、新幹線、そして東京・仙台間の全交通機能は止まった。道路渋滞は徐々に、車がまったく進まないほどの激しい渋滞へと変わった。携帯はずっと電波が繋がらない状態だった。大使館、公邸、秘書や同僚の携帯に電話をかけたがどれもだめだった。心臓がバクバクし心拍数も上がり、不安が全身を襲った。

完全に車の流れが止まってしまう状況に巻き込まれる寸前に裏道を抜け、なんとか大使館と官舎に近づくことができた。同僚が住む官舎へと続く裏道に入ることができた。さらに官舎の近くまで進むと、同僚の家族がゲートで立っているのが見えた。いったい何が起きたのかと、心のざわめきはさらに高まった。やっと到着し、まず建物を一瞥すると、損傷はなかったようだ。同僚の家族に聞くと、誰も負傷はしていないが皆動揺しており、イラン人学校高等部の子供たちのことが気になって不安で仕方がないとのことだった。

ちょうどその日の朝、イラン人学校の素晴らしい校長であるレザ・ハーシェミ氏に引率され、社会見学のため遠足に出かけていたからだ。子供達の安否がわからない父母たちの心配と不安はますますつのっていた。私自身もその父母の一人だった。息子のセイエド・ホセインも遠足に出かけた一人だったのだ。不安と動揺は刻々と高まり、しかし携帯はやはり繋がらず、生徒たちの安否はまったくわからなかった。最終的にはある同僚が何時間も電話をかけ続け、やっと生徒の一人と回線が繋がった。短い会話ですぐに切れてしまったが、生徒は皆無事であることがわかった。生徒たちは本来なら一時間で着くところ数時間かかって学校へ戻り、父母たちはホッとした。公邸の古い建物にも被害はなかったが、テーブルの上などに置いていた花瓶や工芸品等の装飾品のいくつかが床に落ちて壊れた。

地震発生から三〇分も経っていない一五時過ぎ、日本外務省イラン班の事務官から大使館秘書に連絡があり、大使館と大使館職員ならびに家族の状況を確認していた。秘書は大きな被害は出ていないと答えた。事務官は「日本外務省は当番制で昼夜を問わず勤務することになりました。大使館から要望があれば、また何か問題が生じた場合にはすぐに連絡ください」と伝えてくれた。

大きな余震

地震は収まった後も余震が次から次へと襲い、安心させてはくれなかった。余震の一つひとつが大きく恐ろしいものだった。マグニチュード九・〇の地震の余震はそれぞれマグニチュード七ほどの大地震であった。数日間は一五分おきに余震が続き、その後しばらくして二時間ごと、そして数週間して一日に四、五回へと少なくなっていった。

地震によって生じた大津波

マグニチュード九・〇の大地震は果てしない太平洋で叫び声をあげ、巨大な波が岸へと押し寄せた。高さ最大四〇メートルの津波が時速八〇〇キロで六〇〇キロ以上にわたり設けられた海岸の防波堤を越え、本州北東部にある東北地方東側沿岸の町や村を打ち砕き、五〇〇平方キロメートル以上の土地に海水が浸水し、町や村を壊滅させた。

地震によって生じた大津波は、太平洋沿岸のほぼすべての国、フィリピンからインドネシア、ニュージーランド、アメリカのカリフォルニア州からハワイ島まで到達した。日本から太平洋沿岸地域に住む人々に対し、海岸から離れるよう津波警報が出された。日本の警報システムにより多くの人命が守られた。

福島原子力発電所事故

津波は福島原子力発電所の防波壁をも越え、原子炉冷却用のポンプ室に達した。ポンプ室は停止し、三つの原子炉と燃料プールの冷却システムは故障した。作業員たちは事態の収拾のため取り組んだが、原発のいくつかの原子炉の核燃料が異常に熱くなり、核燃料は溶融しはじめた。

さらに悪いことに、原子炉の中心の冷却装置をはじめ、電気設備、ポンプ、燃料タンク、非常用バッテリーなど多数の設備が損傷していた。原子炉建屋内に水素ガスが大量に充満し、水素爆発を起こし、従業員と施設の一部が被害を受けた。放射性物質が膨大に海水に流出する可能性もあった。つまり、一九八六年のチェルノブイリ事故以来の世界史上最悪の原発事故となりうる可能性があったのだ。

半径二〇キロ以内の住民は強制避難させられ、半径三〇キロ以内の住民に対しては自主的に避難するよう呼びかけられた。汚染の脅威により、食料、特に飲料水の流通と使用に関して特別な措置が講じられた。

沈黙の死の恐怖

地震の恐怖、津波のショック、そしてその大きな損傷や犠牲により事態がまったく沈静化していない状況で、東京電力福島第一原子力発電所の事故のニュースが入ってきた。次は汚染拡大の恐れであった。皆が抱く、そして終わることのない恐れである。放射性物質が拡散し、日本全体が汚染されてしまうという恐怖である。原発燃料のメルトダウンが起これば、大気中に放出された放射性物質は風に流されて、一気に日本全体に拡散すると言われていた。

これほどの恐怖の心理的プレッシャーにさらされた私の第一の任務は、同僚とその家族のマネージメントであった。家族や数人の同僚に大きな恐怖が襲っていた。ある職員は、沈黙の死が私たちを待っており、誰も私たちのことを考えてくれないと言った。この言葉は他の多くの人々の心情を表していた。生命の底まで恐怖と緊張が及んでいた。原発事故と汚染流出のニュースや噂が毎分のように流れていたことも、人々をより動揺させた。なにより悪いことに、多くの在京大使館が自国民の避難を開始し、大使館を一時閉鎖したことだ。数カ国は大使館業務を大阪の総領事館や、少しでも東京から離れた領事館へと移していった。

地震発生から三日後、サーレヒ外務大臣に指示を仰ぐべく連絡を取った。状況を説明し、原発に水素爆発が起こったため、放射性物質が東京まで到達するかもしれないと言われていることも伝えた。核物理学者であるサーレヒ大臣は、原子爆弾のような爆発は起こらないが、核燃料の炉心溶融（メルトダウン）による危険はあると語った。すなわち、高温状態が続くと施設は破壊され、倒壊により溶融した放射性物質を含んだ核燃料が一気に拡散する可能性があり、これは非常に危険だと説明してくれた。私は家族を帰国させ、職員も最小限の人数にさせてくださいとお願いした。大臣は了承し、航空券の代金は大使館が支払うよう言った。職員の家族は一時帰国の準備を始めた。その後職員を帰国させる順番になり、問題に直面した。大使館業務に支障が出ないよう、何人を、またどの外交官を帰国させるべきか考えあぐねた。

国のために職員を犠牲にすることは避けたかったが、大使館は閉鎖したくなかった。他国の大使館員が次々と逃げる中にあって、可能な限りイランの国旗は東京で掲揚しておくべきだと思索していた。私の計画では、家族は全員テヘランへ送り、私と大使館継続に必要な職員数人が可能な限りギリギリまで残るというものだった。そして状況がさらに深刻になり、放射性物質汚染が東京まで達した場合、残った職員全員で大使館のマイクロバスに乗り、より西へと移動するという計画だった。もちろん、東京まで汚染されれば、数百万人の人が東京から逃げようとし、多くの道路が封鎖されることもわかっていた。そのような状況下で東京脱出は容易なことではない。

いずれにせよ、家族はテヘラン帰国の準備を始めていた。職員については、それぞれの職責に応じて、誰を帰らせ誰を残すか私自身が決めようと最初は思ったが、難しいことだと気づいた。最終的には決定は一人ひとりの外交官に任せ、「帰国を望む場合、有給休暇を使って帰国して良い。そしてもし仮に全職員が帰国を望む場合、私がすべての大使館業務を遂行する」と伝えた。結果として、職員自身の、あるいは家族の精神状態がすぐれなかった数人の職員のみが帰国を決め、残りの職員は残った。

在日イラン人脱出のためのチャーター便

当時毎週東京へ運航していたイラン航空と打ち合わせをし、チャーター機を東京へ送ってもらうことにした。大使館職員の家族とともに、在日イラン人、特に留学生のことを考えていた。在日イラン人との連絡ツールを用い、できる限り、帰国を希望する場合大使館へ来るように知らせた。多くのイラン人が家族とともに申し込んだ。そこでイラン航空に対し、より大きな機体の飛行機を東京へ送るよう要請せざるを得なくなった。イランの新年である三月二一日の二日前、旅客機が到着し、旅客を無事にテヘランへと送った。

ここで、イラン航空東京支局長を務めていたサイード・ガーデリ氏について述べる必要がある。氏はチャーター機調達に多大な尽力をし、さらに興味深い点として、氏の任期は終わっており、まさにこの便で自ら帰国したのだ。氏がすべての旅客を搭乗させ、本人も機内へ入る離陸間際になって、三人の子供と大きな荷物を抱えた一人の留学生が空港へ駆けつけてきた。私はガーデリ氏と連絡をとり、イラン人家族がロビーにいる旨を伝え、できれば助けてあげてほしいと伝えた！　氏は機長に離陸を待つよう伝え、空港内のロビーまで走った。荷物受付は閉まっていたため、自らの責任ですべての荷物を機内まで運んだのだ。

ガーデリ氏は子供の一人を抱えてロビーを走り、留学生とその妻、二人の子供はガーデリ氏の後を追って荷物を抱えて搭乗ゲートへと走った。ロビーにいた警察官には、ガーデリ氏が子供を誘拐し逃げていると映ったようだった！　警察官は氏の後を追って走り搭乗口で追い着いたが、父と母が説明し誤解は解けた。機内は完全に満席だったため、ガーデリ氏は自らのビジネスクラスの席を家族に譲り、本人は七四七機内に設けられていた小さな礼拝室の床に座った。もちろん安全上の問題はあったが、特別な事情に鑑み機長を説得した。

被災地への支援

以上の事柄が終わると、次は日本の被災者支援に携わることに集中した。日本外務省に対し、イラン赤新月社側には救援物資を送る用意があることを伝えた。日本外務省は数日間、物資を受

被災地宮城県へと支援物資を輸送するトラック（2011年3月25日、成田空港）

理すべきか否か、運搬の問題を理由に躊躇し検討した。最終的にはイラン側の提案を歓迎してくれ、約一週間後、一八トン分のイラン製食料用缶詰五万個を積載したコンテナ二個が空輸で日本に到着した。イラン赤新月社社長のマハムード・モザッファル氏は、物資とともに数人の職員と来日した。弱小の持たない国に対する支援ではなく、日本という豊かな先進国へ物資を運搬することに感慨深い様子だった。氏は、「救援物資を届けるために日本に来るとは、また日本がイランの物資を受け入れてくれるとは想像もしなかった」と語っていた。

　三月二五日金曜日、私と赤新月社の職員、そして大使館職員らは、二台の大型トラックを引き連れ、大使館のマイクロバスに乗車し仙台へと向かった。東京から四〇〇キロほど離れており、津波が押し寄せた地域だった。ペルシャ語・日本語・英語表記の大きなバナー「救援物資・赤新月社」をトラックに貼った。日本外務省イラン班の新妻幸恵外務事務官も同行してくれた。

緊急避難地域からの脱出：ハプニングだらけの夜

救援物資を無事に引き渡し、地域の担当者らと懇談した。その後、津波の被害で破壊された地域や避難所を視察した。夕刻東京への帰路についた。東京から仙台へは高速道路を使い、帰りもまた高速道路で東京へ向かう必要があった。当時はまだナビゲーションなどの装備は普及しておらず、大使館のマイクロバスにもついていなかった。スマートフォンもまだ普及していなかった。

大使館の日本人運転手の荒井雄司氏はマイクロバスのハンドルを握り、標識や自らの勘を頼りに、被害を受け通行止めとなっている多くの道路を迂回し、高速道路のインターを探さなければならなかった。しかし多くの道路が陥没などによって封鎖されていたため、一般道路からなかなか抜け出せなかった。仙台から少し離れると、道は不自然なほど空いていることに気づいた。対向車線から向かって来る車も、警察や自衛隊、あるいは救援隊車や救急車のみであった。マイクロバスの後部座席を見ると、大使館通訳の稲見氏と日本外務省事務官の新妻氏が地図とにらめっこをし、何やらささやいていた。

突然、稲見氏が怯え動揺した様子で座席から立ち上がり、荒井氏の方へきて日本語で何か言った。稲見氏の様子から、何かが間違っていることがわかった。そして私に言った。「大使、今この車が進んでいる道は、まっすぐ福島原発に向かう道です！」燃料がメルトダウンしている原発があり、放射性物質のため皆が避難していた区域だった。道路の周辺には人っ子一人いなかった。なぜなら半径二〇キロに渡り緊急避難地域に指定されていたからだ。荒井氏のハンドルで、まっすぐ原発事故の真っ只中へ突き進むところだった。

私は荒井氏に対し、次の交差点でこの道路から外れるよう言い、危険な地域から離れるため右折した。幹線道路から外れ、山の方へと向かった。激しい雨も降り始めた。漆黒の闇夜と激しい雨、そして山中の見知らぬ土地のくねくね道を進み、恐ろしくなってきた。荒井氏は車の内外の温度差で曇ったフロントガラスから数メートル先を見るのも大変な様子で、しきりにフロントガラスをタオルで拭いていた。暗中模索、手探りの状態で、しかし早いスピードで運転をしていた。政府や地方自治体からは、汚染物質が入ってくるため車のエアコンは使用しないよう伝達されていた。荒井氏も他の日本人同様、ガイドラインに完全に従っていた。私は言った。「前方がよく見えるよう、外気導入モードにしてエアコンをつけたほうがいい。曇ったフロントガラスのままだと皆が事故死してしまう！」最終的にエアコンをつけた。

くねくねしたカーブが続く山道を進んでいた。交差点や店の付近には人がいた。そのたびに停車し、東京へ向かう高速道路の入り口を尋ね、なんとかしてインターまでたどり着いた。東京へ向かう高速道路を走っていると、次に荒井氏はもう一つの問題を打ち明けた。マイクロバスのガソリンがなくなりそうだと言うのだ！　最初のガソリンスタンドは閉まっていた。二つ目もしかり、遂に燃料補給の希望は絶たれた。地震のため給油にも混乱をきたしていて、多くのガソリンスタンドにはもはや燃料はなかった。都市でも給油には制限が設けられ、一台につき一回あたり一〇リットルしか給油できなかった。マイクロバスは高速道路のサービスエリアで立ち往生した。

どうすべきかわからなかった。一つの方法は、大使館職員に東京からガソリンを持ってきてもらうことだった。大使館に連絡をすると、「ガソリンの調達は問題ないが、ガソリンを入れる容器や缶をこんな危機的な夜中にどこで手に入れるのか」とのことだった。その通りだ。朝、店舗が開店するまで待たなければならない。しかし赤新月社の職員が立ち上がり、「明日テヘラン帰国のフライトがあり、航空券の変更はできない」と言う。仕方なく、東京へ戻るための別の手段を探すしかなかった。稲見氏と新妻氏は周辺のタクシー会社何社かに電話をかけた。その一社が大型バンを所有しており、迎えに来てくれた。

次の問題は、全員はそのバンに乗れないというものだった。日本人タクシードライバーは必ずルールを厳守する。稲見氏と新妻氏はタクシー運転手と交渉し、最初は拒否していたが、非常事態だということで最終的には折れてくれた。全員バンに乗り、東京へ戻った。こうしてハプニングだらけのスリリングな被災地支援の旅は終わった。赤新月社の職員も無事にその日のフライトでテヘランへと帰国した。

山田町でのイラン料理の炊き出し

スリリングな第一回目の支援運搬を終え、二回目は、より甚大な被害を受けた被災地への訪問を計画した。今回は食料用缶詰支援の代わりに、温かい料理を持っていき、イラン料理の食卓を被災者の方々に楽しんでいただくことにした。震災発生から一カ月余りが経っていたが、被災者はまだ温かい食事をとることができず、料理もできない状態だった。

調理した料理をどうやって遠く離れた被災地へと運び温かい状態を保つか、それ自体が一大プロジェクトだった。公邸シェフのエブラヒーミ氏には、チキンと野菜のトマト煮込み料理を作ってもらうことにした。ガスコンロと大鍋、釜などの調理器具すべてを運び、その場で器具を並べ、料理を温め直し、被災者の人々に食べてもらうことにした。炊き出しを行う場所として、東京から五六〇キロ以上離れた岩手県山田町を選んだ。人口二万人ほどの町民の内、津波により八〇〇人以上が犠牲あるいは行方不明となっていた。今回の団長は公使のシャリフィ氏に務めてもらい、私の妻と大使館職員数人、また日本外務省の新妻氏も同行した。

大使館の炊き出しチームは二〇一一年四月二〇日、山田町を訪問した。小さな町で、津波により町のほとんどが瓦礫の山と化し、いくつかの建物の骨組みが残っているだけだった。チームが炊き出しの準備をはじめ、テーブルの上に調理器具などを並べ始めると、町の人々は驚いた様子

イラン大使公邸シェフによる被災地での炊き出し（2011年4月20日、岩手県山田町）

で眺めていた。被災者には事前に通知しており、続々と集まってくれた。約五〇〇食のイラン料理の炊き出しを行った。老若男女問わず傷つき苦しんだ人々が、落ち着いて規則正しく列に並んでいた。一人ずつワンプレートを受け取り、立ち去っていた。誰も貪欲に一人分以上のプレートを取ろうとはしなかった。「家に病人がいるのでもう一食ください」などと言う人は一人もいなかった。被災者支援においても日本の人々から多くを学び、また同時に、イランについての良い思い出を被災者の心に残すことができた。

あらゆる国が支援を行ったが、被災地の真っ只中に入り、直接被災者への炊き出しを行った国は少なかったのではない

イラン料理（チキンと野菜のトマト煮込み・ナン）を受け取る被災地の子供
(2011年4月20日、岩手県山田町)

イラン料理（チキンと野菜のトマト煮込み・ナン）を受け取る被災地の女性
(2011年4月20日、岩手県山田町)

沼崎喜一山田町町長との懇談（2011年9月7日、岩手県山田町）

だろうか。日本の政府要人はその後何年にもわたり、この大使館の取り組みについて言及してくれた。

二〇一一年九月七日、震災から約半年が経っていたが、山田町の被災者への食事支援を再度行った。人々は未だ避難所や仮設住宅で暮らしていた。今回は私も訪問し、山田町の沼崎喜一町長や町の人々と懇談した。そこではバムの大地震と、日本政府・国民からの大きな支援について言及した。私の妻が日本の人々の復興再建への取り組みにインスピレーションを得て描いた絵画「不死鳥」を山田町の人々と町役場に寄贈した。また、ザーケリ氏と岩崎葉子氏の共訳でテヘラン大学から出版された、イラン国内の人々が被災地の復興を願って詠んだ俳句集『HAIKU集・希望』を何人かに贈呈した。

その後、イランから来日した国会議員数人とイラン国営放送（ＩＲＩＢ）の北京支局長とともに福島県内の被災地を訪問した。支局長は被災者へのインタビューを試みたが、誰も応じてくれず、代わりに大使館の運転手と通訳にインタビューを行った。

津波による人的・物的被害

津波による人的被害は、死者一万八千一三一人、行方不明者二八二九人、そして負傷者六一九四人という。津波により、約一二万九千の家屋が全壊し、二六万五千以上の住家が半壊した（総務省消防庁）。また東北電力エリアだけでも約四六〇万戸の建物が大地震により停電し、累計で約二五七万戸が断水した（国土交通省）。経済的被害額は一六兆円以上と算出されている（内閣府）。東日本大震災は二一世紀に先進工業国で発生した、最も破壊的な出来事であった。しかしこれほどの巨大な威力の震災にもかかわらず、地震と津波による日本人の被害は諸外国に比べれば少ないものだった。二〇〇四年一二月二六日にインドネシアのスマトラ島沖で発生した大地震と津波での死者と行方不明者は約三〇万人と言われている。

イラン大使館の貢献への日本側からの謝意

あれだけの困難な時期に大使館が行ったことは日本人は想像だにしなかったようだ。我々の取り組みは日本の期待以上のものであり、日本側にとっては、心理的かつ国際信用という点から特に重要なものだった。各国外交団が日本から退避するのは、原発危機の制御において日本が充分な能力を有していないという意味であり、日本政府に心理的な暗い影を投げ落としていた。多くの在京大使館が一時閉鎖し、外交団を本国へと帰国させていた。

外務省イラン班の事務官は語る。原発事故後、躊躇することなく大使館を閉鎖し外交官が帰国した最初の大使館は、フランス大使館だった。さらには震災発生後、フランス大使館に電話をかけても誰も出ず、電話は震災発生後すぐに自動応答に切り替わっていたようだ。また日本国内に残ることを決断した大使館も、本州西部にその機能を移転させていた。サウジアラビア大使館は一時滞在場所として、大阪のあるビルを借りていたという。それに反し、イランが残ったことは、日本人からすれば、危機管理における日本政府の能力と遂行力をイラン側が信用してくれているという意味であった。震災発生後の外務省での第一回目の面談では深い謝意が表された上で、「イラン大使館は一時閉鎖もせず、大使自ら残留した数少ない大使館の一つだ」と語ってくれた。

在日本イラン大使館は危機的状況下で業務を続行したのみならず、惨禍の真っ只中へ被災者支援へと駆けつけた。被災地の中心での炊き出しは日本人を元気づける、また心に残る取り組みになった。日本の政府要人はその後何年もの間、イラン側との面談やレセプションの際に、この被災者支援への謝意を表してくれた。在テヘラン日本大使もまた、その後長い間、私が任期を終えて帰国した後も、山田町での炊き出し支援を感謝の気持ちで何度も語ってくれた。日本大使はペルシャ語の「アーブグーシュト（ジャガイモと豆のトマト煮込み）」という単語を覚え、イラン大使館は山田町で温かいアーブグーシュトを振る舞ってくれたと。しかし実際に被災者に出したのは鶏肉の煮込み料理だったが。

震災から約一年半後、私の後任としてナザルアハリ大使が着任した。信任状捧呈式で天皇が話された最初の言葉は、イラン・イスラム共和国と大使館による被災者支援への感謝の言葉であったという。天皇は強い口調で話された。「あなたの大使館はここ日本で本当にすばらしい支援をしてくださいました」

もちろんその他多くの国が支援したことも付言すべきである。日本側はその支援の量が少しであっても、決して拒否することはなかった。それは、支援物資を必要としていたからではなく、支援国の数が少しでも増えることを歓迎していたのである。日本側からすれば、諸外国からの支援は決して恥ではなく、日本の国際的信用を示すものであった。

前述したように、日本側は当初コンテナ二台分の食料用缶詰を受け取ることを躊躇していた。しかしその後快く受け入れ、支援物資が日本へ、そして被災地へ届くようあらゆる必要な手配を積極的に行ってくれた。もちろん、いくつかの支援、特にアメリカ側の技術援助は原発事故の制御において必要不可欠であった。実は日本側はこの件に関し、不承不承仕方なく受諾したのである。いずれにせよ大使館が行った支援は、その独創性に照らし、他に例を見ない色合いと姿があり、日本側の期待を大きく超えたものだったと思う。

日本人を襲った不意打ち

津波は日本人に不意打ちを食らわせた。前述したように、日本式のやり方の欠点の一つが不意打ちの際、そしてシナリオ想定外の出来事に対し不作為に陥ることだ。日本人はあらゆる事柄において事前に計画を立て、細部に至るまで細かく様々なシナリオをたて、先見の明で深慮遠謀する。最悪の事態のシナリオを想定し、必要な人材や機材を用意する。しかし万が一最悪以上の想定外の出来事が起こると、取り組みはストップしてしまい、不作為に陥ってしまう。しかし津波においては非常に迅速に対応した。

原発事故についての様々な報告書では、この不意打ちについて言及がなされた。日本人は津波対策に海岸線に沿って一〇メートルの高さの防波壁を、また原子炉の前にも設置していたが、それ以上の高い波が太平洋から押し寄せることがあるとは想像していなかった。この防波壁は原発のある海岸線に設けられていたが、景観のことも考慮し、丘のように緩やかなカーブで、そして緑で覆っていた。

国際報告書では、日本人は三・一一の巨大津波を想定しておらず、原子力発電所はいかなる自然災害が起こっても安全を保つと考えていたようだ。

津波災害におけるメディア管理

日本人は危機の際のメディア管理において、規律正しく成功裏に行動した。原発事故に関するニュースは管理され、完全に規制された形で放送された。人々をいたずらに不安にさせる扇情的なイエロー・ジャーナリズムは見受けられず、日本人の自制心を示す報道やニュースが流れていた。これは政府と国民の共同作業であった。政府はＮＨＫ以外の国内外の放送局が原発事故現場付近を取材する許可を与えなかった。当初の危機が沈静化し、原発が制御された後、徐々に民放放送局の立ち入りも許可していった。

日本人の行動から学ぶべきこと

超巨大地震と津波、そして原発事故は、日本中に不安と恐怖をもたらした。他国がこのような状況に遭遇すれば、おそらく混乱と無秩序に陥り、平穏を取り戻すためには治安部隊や警察、あるいは軍の力を借りるしかないだろう。

例えばアメリカで大きな自然災害に見舞われるたびに店舗での集団略奪などは当然のことのように起こる。ニューオリンズに大型ハリケーンが直撃した際、警察や州兵が秩序と安全回復のため現場に駆けつけた。しかし日本ではそのような現象はなく、状況は落ち着き、秩序は保たれていて、人々の表情は優れた文明人のそれであった。より正確に言えば、政府が状況をマネージメントしていたのではなく、人々が自発的に自らを律していたのである。これは当時の大変な状況下での回復力を高めた、「社会的資産」とも言うべきものである。

日本における危機管理と防災システムは最先端のものであり、学ぶべき点が多い。日本は繰り返される災害から多くの知見や経験を得て生かしている。しかし私が思うに、危機管理やシステムがうまく機能する主因は社会的資産にこそある。当時の状況下で日本の人々の行動から私が見て取ったもの、同僚から聞いたこと、あるいは報道で目にしたものは、この社会的資産を明確に表していた。ニュースや報道で多くの事例が紹介された。日本人は自らの復興への力量を発揮して見せてくれたのだ。当時の惨禍における日本人の行動は模範的なものであり、他に例を見ない教訓的なものであり、そしてなにより、スローガンや騒ぎからかけ離れた真の愛国心を示すものだった。

被災者たちは、当時の極めて困難な状況下においても、秩序や規律を放棄することは決してなかった。仙台へ支援物資を届けに行った際、私は避難所を訪問させてもらった。学校の体育館を避難所として使っていた。そこで私が目にした平穏さや秩序は驚愕すべきものであった。体育館の床には白いガムテープが貼られ、長方形の形にスペースが区切られていた。各家族は荷物をその枠内に置いていて、いかなる騒ぎや喧騒、衝突もなく、静かに座っていた。各スペースとスペースの間にはさらにガムテープで廊下が作られていて、被災者たちは移動の際、この仮の廊下からはみ出すことはなかった。

子供からお年寄りまで皆、安全を維持するために何をすべきであり、救援救助の邪魔にならないよう何をすべきかがよくわかっていた。それは日頃の防災訓練で身につけていたものであった。確かに日本は地震多発国ゆえ、人々は震災発生時の行動をよくわきまえているが、平時からの定期的な防災訓練や啓発活動の役割を軽視してはならない。日本の学校教育では幼稚園から高等学校まで防災訓練が行われている。

地震発生後の心理的不安とひどい渋滞の中でも車のクラクションの音は耳にしなかった。また、前の車を追い越そうとしたり、道路交通ルールに反して右折左折したり、救援救助車の妨げになったりする光景はまったく目にしなかった。都市間の幹線道路は混雑していたが、すべての車が赤信号では停車し、ひどい渋滞にもかかわらず秩序を乱す車両はなかった。歩行者も車も秩序とルールを守っていた。政府は救助部隊を現場に送る前に警察隊を送る必要などなかった。なぜなら路面店からの略奪や強盗、倒壊家屋から物の持ち出しなどなかったからだ。平時の秩序と規律とルールが保たれていた。

原発事故により大気中に放出された放射性物質が東京へ到達するかもしれないとの恐怖心により、人々は日常必需品の調達のため店へと押しかけた。大きな店舗ではミネラルウォーターや食料物資、衛生用品の棚などは空になっていたが、それでも大量に押しかけたり強奪したりすることはなかった。ミネラルウォーターといくつかの食料はしばらく制限が設けられ、一人当たり一リットルの水しか購入できなかった。人々は列をなして並び、落ち着いて順番に買っていた。ガソリン補給の制限も言い渡され、ガソリンスタンド前に長い車の列ができているのも見た。

人々の政府に対する信頼と、上からの指示にきちんと従う国民性ゆえ、政府は危機管理とその後の制御において非常に仕事がしやすかったと思われる。原発事故による水道水汚染の噂が流れた際、担当大臣がカメラの前に座り、東京の水道水をコップ一杯飲み、国民に対し「問題はありません」と言った。人々もそれに従った。

東京電力福島原子力発電所事故により、全国すべての原発が稼働を停止し、電力不足に陥った。政府は国民に対し、電力使用を削減するよう求めた。人々や企業があまりにも使用削減に協力したため、街はひどく暗くなった。必要以上に協力していたからだ。担当大臣はテレビカメラに向かい、「もはや使用削減は必要ではなく、消費量を戻しても大丈夫です」と言ったほどだ。

動揺や不安はあったが嘆きや叫びはなかった。涙や悲しみはあったが悲嘆や泣き叫ぶ声は聞こえなかった。人々は騒ぐことなく静かに我慢強く耐えていた。支援を求める声はあったが、懇願や嘆きはなかった。炊き出し等の支援の際にも被災者は列を乱すことも、喧嘩することも、卑しい貪欲さもなかった。その代わりに人としての尊厳と謙虚さが際立っていた。皆が静かにきちんと列をなして並び、一人一皿ずつ受け取り、その場を立ち去っていた。山田町での被災者支援に参加した妻がのちに語っていた。「小さな男の子がジュースを受け取るととても喜んだのでもう一本あげようとしたが、どんなに勧めても絶対に受け取らなかった」。一人一食分だけ受け取り、その近くに座って食べるか、別の場所へ運んでいった。当時の状況では誰かがもう一食分をくださいと言っても誰も文句は言わなかっただろうが、そのようなことはなかった。

日本の人々の正直さと誠実さはこの大震災の際に改めて広く知られることとなった。ショッピングモール等も地震発生により停電したが、買い物途中の人々はカゴに入れた品物を棚に戻して店を立ち去っていた。津波被害の倒壊家屋からの略奪がなかったのはもちろんのこと、その後数カ月間も、近所の人がお金や貴重品、金庫を瓦礫の山から見つけると、きちんと警察に届けていた。日本人の習慣の一つに、今もなお「タンス預金」、すなわち現金をタンスの引き出しに貯め込むことがある。

遠藤未希さんのこと

多くの人々に語られた忘れ得ぬ人に、町民に避難を防災無線で呼びかけ続け、津波の犠牲となった献身的な一人の若い女性がいる。宮城県南三陸町危機管理課の町職員であった、遠藤未希さんのことである。南三陸町は津波により壊滅的な被害を受けた。遠藤さんは震災当時二四歳で、前年の七月に入籍し、震災の半年後の九月に結婚式をあげる予定であった。日本では自然災害時の警報は、テレビやラジオ、スマートフォンに加え、町全体に届く防災無線でも行われる。遠藤さんは防災無線のマイクを握り、「六メートルの津波が予想されます」「逃げてください」と繰り返し呼びかけ続けた。防災対策庁舎へ巨大な津波が急速に押し寄せていることを目視しながらも、遠藤さんは町民に避難を呼びかけ続け、殉職した。南三陸町での犠牲者は八三〇人だったが、この一人の責任感の強い職員は、住民約一万七七〇〇人のうち半数の避難を促し、命を救ったのだ。遠藤さんの遺体は四三日後に発見された。夫からのプレゼントであるミサンガが左足首に巻かれていた。

前述した外務省の職員のように、中央・地方の行政職員から民間企業の社員に至るまで、皆が震災のただ中でも職場に残り立ち去らなかった。

福島第一原子力発電所の職員たちは、水素爆発発生後でさえ自らの職場から立ち去らなかった。中には冷却装置の修理のために、自発的に原子炉建屋の格納容器の中に入る職員もいた。原発危機がさらに高まると、退職した高齢の技術者たちは復旧チームを立ち上げた。インタビューである男性は「私はもう寿命は長くないため、放射線被曝しても、若い人たちより後遺症に苦しむ期間は短いかと思う」と、また別の男性は「放射線被曝によってがんに侵されても、私のような老人はがんが進行するのが遅い」と語っていた。

ピンチをチャンスに

地震と津波、そして原発事故の三重苦におけるもう一つの興味深い点に、日本が国際社会に対し自国との連帯を呼びかけたことがある。海外からの支援を受け取ることを、日本は卑しいこととは考えていなかった。日本にとっては、国際支援の受理は必要品を補うこと以上に意義があった。すなわち、国際社会は日本政府ならびに国民に対する敬意から支援を行い、日本への同情と連帯を表明したという点である。

実際、日本の国際的地位と信頼を示すものとなった。日本政府は国際支援を受け取ることで、日本は国際社会から尊敬されており、一四〇カ国以上が同情とお見舞いのメッセージを発出し、支援の手を差し伸べていることを強調したかったのだ。支援物資は実際のところ、援助そのものより国際社会と日本との連帯の象徴であった。

地震シミュレーション装置

日本は世界の中でも防災減災において最先端の技術とシステムを誇る。耐震や予防、緊急地震速報に始まり、救助や復興に至るまでだ。日本における地震学は非常に発達しており、多くの大学が最先端の研究成果を残している。イラン人留学生の中にもこの分野で研究を続けている人もいる。

この分野での興味深い技術の一つに、地震シミュレーション装置がある。様々な地震動を振動台で耐震実験をすることができるものだ。それにより建物や建築資材の強度を測定することができる。

水資源管理における日本人の技術

日本における有効な防災減災対策は、地震や津波対策に限定されたものではなく、幅広い人為災害対策においても成功を収めている。その成功例として、水資源管理、都市部のゴミ処理、東京をはじめとする大都市における大気汚染削減と交通渋滞緩和などがあげられる。興味深い点として、東京は一九六〇年代から一九七〇年代にかけて、大気汚染や環境問題、水漏れ、交通渋滞等において国際基準を満たしていなかった。しかしその暗く濁った空、汚染された水、山のようなゴミの東京が、正確かつ厳格な計画により、青空と清らかな水、そして交通渋滞のない素晴らしい環境の都市へと生まれ変わったのだ。

石原都知事との面談で、都知事は東京の水道システムについて言及し、一九七〇年代までは東京の飲料可能な水の二五%が水道管から漏れていたと語っていた。水道管の老朽化や、循環やポンプ・給水等に問題があったのだが、長期計画を立てて解決し、水漏れを現在二・五%以下まで減らすことに成功したという。

都知事はまた、人口約一四〇〇万の東京のような大都市では、水漏れを一〇%防げば二〇〇万人分の飲料水を生産したことになる。二〇%の水漏れは、実際四〇〇万の市民の水を無駄にしている、とも語っていた。都知事はさらに、東京都は水の衛生面からの水質向上にも真剣に取り組んだと強調した。都知事はテーブルの上に置いてあった飲料水のペットボトルを手に取り、言った。「ラベルには『東京水』と書かれています。この水道水をお客さんにお出ししているのです」

東京在任中、自然・人為災害対策における日本の知見や技術をイランへ移転すべく取り組んだ。ガリバーフ・テヘラン市長訪日の際には、非常に有益な視察プログラムが組まれた。大気を汚染することなく都市部のゴミを焼却し、その熱により一般家屋用のお湯を提供している先端技術を用いたゴミ処理施設、地下鉄やモノレールの制御システムセンター、浄水処理センターと配水場、都市の衛生システム関連施設などだ。テヘラン市の水漏れ防止に関するテヘランと東京間の協力が行われ、日本から専門家がテヘランへと派遣された。しかしそのプロジェクトの継続は、その後いくつかの問題に直面することとなった。

おわりに――東京での任期を終えて

二〇一一年一〇月、私は大使としての任期を終えた。当時モッタキ氏の後任としてアリーアクバル・サーレヒ氏が外務大臣を務めていた。大臣は私に対し、本省へ戻り、アジア太平洋担当事務次官へ就任するよう勧めてくれた。こうして次期大使が任命される前に、私は帰任した。事務次官への就任は、当時の大統領とマシャーイ大統領顧問の反対のため二カ月ほどかかったが、最終的にはサーレヒ大臣が両氏を説得してくれた。

アジア太平洋担当事務次官として、アジア各国との関係を任され、新たな経験を積むこととなった。二〇一二年四月イスタンブールで核交渉が再開すると、ジャリリ氏を団長とする核交渉団内の外務省代表として再び任命され、二〇一三年四月のカザフスタンのアルマトイでの会議まで続いた新たな交渉ラウンドに参加した。この交渉の一部は核交渉にまつわる回顧録の第一巻に記されている。

二〇一三年の大統領選でローハニ政権が発足し、モハンマド・ジャヴァード・ザリーフ氏が外務大臣に任命されると、法務・国際問題担当事務次官兼P5プラス1諸国との核交渉首席交渉官を拝命した。核交渉において私とザリーフ大臣との間で起こったことは、上記の回顧録に綴っている。当初国際担当、その後政務担当事務次官としてザリーフ大臣と仕事を共にした八年間は、

大使の離任レセプションで主賓挨拶を行う岡田克也元外務大臣（2011年10月20日、イラン大使公邸）

厳しく、息がつまるような、と同時に非常にエキサイティングな歳月であった。将来、当時の回顧録を綴る機会が得られることを願っている。

訳者あとがき

本書は、Seyed Abbās Arāghchī: Īrān Taīshī—Khāterāt-e Seyed Abbās Arāghchī, Safīr-e Īrān dar Zhāpon, Tehrān, Enteshārāt-e Ettelā'āt, 1401[2022]（セイエド・アッバス・アラグチ『イラン大使―セイエド・アッバス・アラグチ駐日イラン大使の回顧録』二〇二二年、エッテラーアート出版社、ペルシャ語）の翻訳である。

アラグチ大使は、タフで強靭な意志を持ち、それでいてユーモアのセンスに優れ、人を惹きつける人間力にあふれた大使だった。政治と経済、文化の各分野、さらに自国民保護と、大使の任務をどれ一つ疎かにすることは決してしない厳しい大使だった。アラグチ大使に通訳として無我夢中に仕えた三年九カ月の一つひとつの場面は、一〇年以上経った今でも鮮明に私の脳裏に刻まれている。

二〇〇九年一月一九日。大使と政務参事官、通訳の私の三人は、国際防災シンポジウムへの参加のため神戸へ日帰り出張した。会議への参加のほか、兵庫県知事への表敬、昼食会などタイトなスケジュールが組まれていた。しかし一分一秒たりとも無駄にしたくないアラグチ大使は、せっかく神戸まで行くのだからと、同日の神戸刑務所訪問を決めた。

刑務所訪問を終え、夕刻帰京の際の西明石駅の新幹線ホームでのことだ。アラグチ大使はその数カ月前から、サマレ・ハーシェミ大統領首席顧問（大統領特使）の訪日実現へ向けて汗をかいて動いていた。ホームで品川行きの新幹線を待っている時、日本外務省から大使の携帯に、「大統領特使による総理表敬の日時が決まった」と連絡が入った。アラグチ大使は私に対し、「三日後の木曜日、官邸での麻生総理との面談が決まったから、通訳を頼むよ」と告げた。次の瞬間、大使は総理表敬の前日に設定されていた栃木県黒羽刑務所訪問のことを思い出し、一瞬うなだれる様子を見せた。しかしすぐにこうべを上げ、気持ちを切り替えていた。実際、大統領特使による総理表敬という極めて重要な行事の前日にもかかわらず、車で往復五時間かけて黒羽刑務所を訪問し、受刑者への激励等を行ったのだ。すなわち二国間の政治協議を理由に自国民保護という任務を放棄しなかった。

在日イラン人保護については、三カ月に一度公邸で開催していたメディア関係者との意見交換会の際、ある新聞記者が大使に尋ねたことがあった。「なぜ在日イラン人の権利擁護のためにそこまでするのですか?」大使は物悲しげに微笑んだあと、毅然と「私は駐日イラン大使だからです」と答えた。その大使の眼光鋭い表情を私は忘れない。

文化交流に関し、アラグチ大使はある文化人との会食の席上、「外交官や政治家ができないことを、文化人や芸術家がなし得ると感じることがある」と静かに語っていたことも思い出す。当時は今ほど、文化外交の重要性が認識されていなかった時代だった。東京着任前に、核交渉団のメンバーとして、国益と国益とが真正面から衝突する場において丁々発止やりあった外交官の発言として印象に残っている。

最後に、アラグチ大使は外交の要としての通訳の重要性を誰よりも深く熟知していた。着任して最初の頃は面談や会食の前に、自ら話す内容を瞬時に頭の中で整理し、「この単語の意味はわかるか?」と、上級レベルの語彙の確認と教授までしてくれた。

本書の翻訳は、恩師と仰ぐアラグチ大使の信頼に応える一心で取り組んだ。笹川平和財団の皆様、論創社の森下紀夫様、校正・校閲を担当して下さった福島洋子様をはじめ、本書の出版に携わられたすべての関係者の皆様に対し、この場を借りて心からの御礼を申し上げます。

二〇二四年八月

稲見 誉弘

解説

高橋和夫（放送大学名誉教授）

南麻布からテヘランへ

二月一一日は日本では建国記念日だがイランでは革命記念日である。毎年、東京のイラン大使公邸では、この頃に祝賀レセプションが開かれる。何度か招待を受けて出席した。イラン大使館は都内港区南麻布にあり、大使公邸が隣接している。庭に猫が見えたりすると本物のペルシャ猫だろうかと推測したりする。大使館のあたりは都心にしては驚くほど閑静だ。

この南麻布の大使館は、思いのほかイランの首都テヘランの権力の中枢に近い。というのは、かつて、この大使館の主《ぬし》として駐日イラン大使を務めたマヌーチェフル・モッタキが、その後に外務大臣となった例があるからだ。モッタキが外務大臣を務めたのは強硬派と呼ばれたマフムード・アフマディネジャードが大統領の時期だった。この二人の関係は微妙だった。というのはモッタキは二〇〇五年の大統領選挙では、アフマディネジャードに敗れた対立候補の国会議長のアリー・ラリジャニの選挙参謀だったからだ。

アフマディネジャードは二〇〇五年から二〇一三年まで二期八年大統領の座にあった。その二期目にアフマディネジャードは、モッタキ外相を解任した。二〇一〇年に同外相の外国訪問中の唐突な解任だった。そしてアフマディネジャードの次の大統領を選ぶ二〇一三年の大統領選挙にモッタキは出馬を表明した。しかし、選挙前に立候補を取り下げた。このあたりの経緯に関しては現在に至るまで議論があるようだ。いずれにしろモッタキは大統領選挙に立候補するほどの大物だった。

核交渉という〝一大叙事詩〟

権力の中枢に近いと言えば、元駐日大使で、この回顧録の著者のアッバス・アラグチもそうだ。日本に赴任する前は、国際・法務担当の外務事務次官だった。事務次官といえば外務省の官僚のトップである。そしてイランの核開発をめぐる交渉で重責を担っていた。そのイラン交渉団の長はアリー・ラリジャニだった。当時は、国家安全保障最高評議会の書記の要職にあった人物だ。

しかし交渉の方針をめぐってアフマディネジャード大統領と団長が対立した。そもそも、この二人は、すでに触れたように、二〇〇五年の大統領選挙でのライバルだった。この対立の結果、大統領が団長を解任した。その煽りを受けて、アラグチも次官の座を追われた。そして、二〇〇八年に駐日大使として赴任した。その詳細は、本回顧録の記述に譲ろう。先に触れた大統領による外務大臣の解任は、この事件からしばらく後に起こっている。

さてアラグチは東京での勤務の後、二〇一一年に本国に戻り再び外務次官を務めた。しかし今度は担当が「国際・法務」から「アジア・太平洋・中央アジア」担当に変更になった。そして、核問題の交渉団に加わった。その二年後の二〇一三年に、再度「国際・法務」担当の事務次官に戻った。少し後でも言及するが、この年にイランではハサン・ローハニが大統領に就任した。そしてアラグチはイランの核問題をめぐる交渉で再び大きな役割を果たした。

さて、このイラン核問題とは何か。二〇〇二年にイランによる大規模な核開発の事実が表面化した。二〇〇二年というのはアメリカのイラク攻撃が予想されていた頃である。中東地域では通常以上に緊張が高まっていた。この緊張は翌年の二〇〇三年に戦争に転化する。アメリカがイラクに対する攻撃を実際に開始したからだ。

このイラク戦争の開戦の二年前の二〇〇一年には、アメリカはアフガニスタンのタリバン政権との戦争も開始していた。つまりイランの東の隣国のアフガニスタンと西の隣国イラクでアメリカは同時に二つの戦争を戦っていたわけだ。この二つの戦争によって地域は激動していた。その激動の中で、イランの核開発を巡る厳しい交渉が展開された。

イランは核の平和利用はすべての国に開かれた権利だと主張した。だが、核技術の軍事転用を懸念する各国は、イランに対して様々な制裁を科した。状況は段々と険しい局面に入っていった。

そうした場面で登場したのがハサン・ローハニだった。二〇一三年のイラン大統領選挙に立候補したローハニは、国際社会との交渉によって制裁解除を実現すると国民に訴えた。しかも同時にイランの核の平和的な利用の権利を守ると約束した。国際社会との和解により経済を回す。しかもウラン濃縮のための遠心分離機も回し続けると約束したわけだ。

このウラン濃縮技術というのが、イランと各国の交渉の焦点の一つだった。天然界で見つかるウランは、そのままでは使えない。核エネルギーの利用には、ウランを濃縮する技術が不可欠である。ウランを多数の遠心分離機を使って利用可能なレベルにまで濃縮する。遠心分離機とは高速で回転する筒状の機器である。その中でウランは濃縮される。ウランの濃縮度があるレベルに達すると、それが原子力発電の燃料になる。そして、さらに濃縮度が高まると、これが核爆弾の材料になる。同じ技術なのだが、民生と軍事の両方に使えるのだ。このウラン濃縮技術の保持をイランに許すかどうかが、交渉の焦点の一つだった。

たとえば核兵器保有国でない日本は、このウラン濃縮技術を保有している。それなのに、なぜイランにのみ、この技術が許されないのかというのが同国の主張だった。

さて、この二〇一三年の大統領選挙で、こうした政策を語ったローハニが当選した。以降二〇二一年までローハニは、二期八年にわたり大統領を務めた。イランの核の平和利用の権利を守りつつ、同時に経済制裁の解除を勝ち取る。ローハニ大統領は、この選挙公約を実行できるだろうか。諸大国との交渉は成功するだろうか。期待と懸念の入り混じる中で、二〇一三年にローハニ政権がスタートした。この課題に取り組んだのが、同大統領が外務大臣に任命したモハンマド・ジャヴァード・ザリーフだった。そしてザリーフ外相が核問題のイラン交渉団の首席に任命したのが、この回想録の著者のアラグチだった。

ローハニ大統領の八年の任期中に核問題の主要な交渉相手であったアメリカではオバマ、トランプ、バイデンと三人の大統領が入れ替わった。

実はローハニ政権の成立前から、アメリカとイランはオマーンで秘密裏に接触を開始していた。交渉のための交渉が始まっていた。オマーンは、イランとペルシャ湾の出入り口であるホルムズ海峡を挟んで向かいあっている。小国ながら、あるいは小国ゆえにオマーンは、地に足のついた現実的な外交を展開してきた。そして近隣の大国であるイランと常に対話のチャンネルを維持してきた。そのオマーンがイランとアメリカの水面下の接触の場となった。

さて、この秘密の接触で、合意の可能性があるとの感触を双方が得た。それを受けて正式な交渉が始まった。そして長い厳しい交渉を経て、ついに二〇一五年に「イラン核合意」として知られる文書への署名がスイスのジュネーブで各国の代表によって行われた。

合意のポイントは以下のように要約できる。一方でイランは核開発に関して大幅な制限を受け入れる。また、その検証のためのＩＡＥＡ（国際原子力機関）による厳しい査察を許す。また、交渉の焦点となっていたウラン濃縮技術そのものに関しては、イランは、その技術を保持する。他方でアメリカを筆頭とする諸大国は、経済制裁を撤廃する。

文書には各国の外務大臣が署名した。アメリカを代表して、オバマ大統領の第二期目の国務長官だったジョン・ケリーが署名した。イランは、ザリーフ外相がアラグチ次官以下のスタッフの努力に感謝する言葉を添えて署名した。この問題を巡って戦争が起こるのではとの懸念もあっただけに、合意の意味は大きかった。世界が安堵の吐息をするのが聞こえそうだった。

トランプとバイデン

しかし、オバマ大統領の次に大統領となったドナルド・トランプが、二〇一八年に一方的に合意から離脱した。そしてイラン・アメリカ関係に再び緊張が走った。トランプの退任まで両国関係は戦争の危機さえはらみながら展開した。

その後、トランプが二〇二〇年の大統領選挙で敗れると二〇二一年にジョー・バイデンが大統領に就任した。バイデンは大統領選挙中には、トランプによる核合意からの離脱を批判し、合意への復帰を訴えた。そしてバイデンの大統領就任後に核合意の再建のための交渉が始まった。この際もイラン側の交渉団の中心人物はアラグチ次官だった。交渉は妥結に近づいたが、諸般の事情から最終的な合意は実現しなかった。この核交渉の展開というローラーコースターのような外交ドラマの主役の一人は常にアラグチだった。そして、こうした核交渉の荒波と荒波の間の期間、アラグチは東京で大使として勤務した。具体的には二〇〇八年二月から一一年一〇月までの期間である。

もちろん本書は、核交渉そのものに焦点を当てているわけではない。しかしながら、文は人である。人格を映し出す。この本はアッバス・アラグチという人物の反映である。それゆえ、同氏の言葉を借りれば「一大叙事詩」である核交渉で歴史的な重責を担った人物の世界観を知る手がかりとなる。それだけでも本回想録は十分に読者の興味を引く。

イラン・日本関係の証言者

だが、もちろん本書の価値はそれだけにとどまらない。本書は、まず何にもましてイラン・日本関係の外交担当者による貴重な記録である。この時期の両国関係を振り返る際には必ず参照される基本文献となるだろう。

それでは、この時期の日本の政治はどのような状況だったのか。簡単に振り返っておこう。アラグチが大使として日本に赴任したのは二〇〇八年二月だった。時の日本の総理大臣は福田康夫だった。そして外務大臣は高村正彦だった。その七か月後の二〇〇八年九月に麻生太郎内閣が誕生した。外務大臣の高村正彦はそのまま留任した。麻生は、二〇〇五年から二〇〇七年にかけて第一次安倍内閣で外務大臣を務めた。当時、外務次官として訪日したアラグチは何度も麻生と会談していた。

そして二〇〇九年に自民党が総選挙で敗れ野に下った。代わって政権を担当したのは民主党だった。民主党は二〇一二年まで政権を担当した。民主党政権の時代には鳩山由紀夫、菅直人、野田佳彦の三人が首相を務めた。つまりアラグチは、自民党の下野という比較的に珍しい事件を目撃している。また東日本大震災を経験している。

この時期のイラン・日本関係を規定した大きな要因は、アメリカの対イラン政策である。アラグチの在京大使の任期中の二〇〇八年から二〇一一年は、アメリカの政治に目をやるとブッシュ政権の末期からオバマ政権の第一期目にあたる。ブッシュは、二〇〇一年から二〇〇九年まで、そしてオバマは二〇〇九年から二〇一七年まで、それぞれ大統領を務めた。アラグチが東京にいた時期には、核問題でアメリカがイランに対する圧力を強めていた。

イラン・日本関係の詳細に関しては本書に譲りたい。だが、外務省の担当官から始まって部局間での調整、さらに省庁間の利害調整へとコンセンサスを下から積み上げてゆく緩慢で同時に着実な日本の政策決定過程をイランからの外交官が克明に描いている。日本外交の「手触り」までも伝えてくれるようだ。日本と接するすべての外交官が、また日本外交に興味を抱くすべての研究者が、教えられながら、うなずきながら、あるいはアラグチに反論しながら、本書のページをめくるのだろうか。

外交という人間模様

もう一つ著者の記述が浮き彫りにしているのは、外交という営みの人間模様である。外交は国家と国家の利害の調整の場である。そう表現すると、無機質な印象を与えかねない。だが実際に現場で調整に当たるのは外交官と呼ばれる人々である。人間が介在するので、外交という営為は、きわめて繊細でニュアンスに富んでいる。人間的とさえ表現され得る。であるならば日頃に構築した人間関係が、物を言う場面もある。外交とは日々の積み重ねである。

また大使館の業務は多様である。単に外交にはとどまらない。その中には、在留のイラン人の保護が含まれる。そして、在日のイラン人の中には法に触れて刑務所で生活する人もいる。犯罪者とは言え、その人権を守ろうと大使館がどのように活動しているのか。特にイランでの選挙に刑務所で投票させるシステムを確立した経緯などは興味をひく。その綿密な記述は読者をからめとってゆく。途中で本を置くのが難しいほどだ。

また東北大震災の際の記述も貴重だ。イラン大使館が、いかにして在日イラン人を帰国させたのか。また多くの在京の大使館が閉鎖された。そして、その館員が避難した。にもかかわらず、イラン大使館は業務を継続し、被災地の支援に動いた。大使自らが被災地に入って温かい食事の提供を指揮している。本書は、こうした危機管理の記録でもある。

この回顧録には多くの出会いが語られている。そこに通底しているのは、他者に対する謙虚な温かい向きあい方である。ひとりひとりの日本の権力者に被災者に学者に経済人に官僚に、そしてイラン人の受刑者に、敬意をもって対応する姿勢に読者は強い印象を受けるだろう。外交官の仕事の多様性を語りつつアラグチは自身の人間性を語っている。若い外交官たちは、アラグチの記述から国際関係ばかりでなく人間関係の基本をも学ぶだろう。

合わせ鏡

最後に、この回顧録は「日本論」でもある。今世紀の初頭に滞日した西アジアからの外交官は、この東アジアの国をどう見たのか。どう論じているのか。自らの姿を客観的に認識するのは困難である。個人にとっても民族という名の集団にとっても。その手段のひとつは、他者の目を通しての自己観察である。日本滞在の回顧録というのは、日本人が自らの姿を映してみる鏡のような役割を果たしてきた。その鏡の中で、日本社会はどのように見えるだろうか。そして、この回想録に映し出された日本の姿から、日本人は何を学ぶのだろうか。

そう考えると日本に滞在した外国人の回顧録は多かれ少なかれ「日本論」である。日本人に自身を考える契機を与えてくれる。しかし、本書は、通常の滞在記以上に、日本論としては切実感がある。というのは、イランの知識人による「日本論」だからだ。というのはアラグチの記述には、欧米の外交官の回顧録にはない切迫感がある。なぜならばイランという国が、日本と同じような経験を共有しているからである。それは西洋の衝撃である。

日本という伝統社会が欧米の衝撃に直面した際に、どのように対応したのか。そして、それが自国イランとはどう違うのか。そうした強い問題意識のプリズムを通じてアラグチは日本社会を読み説いてゆく。

人は他人を語りつつ自分を語る動物である。他の何に興味を示すかで、自らの内面の問題意識をさらけ出す。日本という対象を語りながら、アラグチは同時にイランを語っている。日本とイランの姿を相互の鏡に映しながらの記述である。イランは日本よりも早く西洋の衝撃を受け、早く近代化に取り組んだ。にもかかわらず、近代化では遅れてスタートした日本が、軍事強国となりロシアを破ったのはなぜか。カジャール朝ペルシャから広大な領土を奪ったロシアをである。つまり本書は日本論であり、イラン論であり、西洋の衝撃そのものを語る「近代化論」である。

その西洋の衝撃の中でも最も強かったのが、イランにとっても日本にとってもアメリカとの出会いだろう。イランは、イギリスとロシアの南北からの帝国主義の圧力のはざまにあって、アメリカとの接近に活路を見出そうとした。しかし、それは第二次世界大戦後のアメリカによる内政への介入を招いた。そして現在もイランとアメリカは険しい対立関係にある。しかも著者アラグチは、そのアメリカとの核問題での交渉の中心人物だった。

日本にとっても、幕末期の黒船の来航以来、アメリカとの関係がその近現代史の大きな規定要因であった。日本は、アメリカと激しく戦い敗れ占領された。そして現在は同盟国としての関係を維持している。イランと日本、イランとアメリカ、そして日本とアメリカという三つの相互関係が、本書の深層に隠されている。

アラグチは、西欧の衝撃を受けた日本とイランの苦悩の経験を重ね合わせながら語っている。あたかも日本という鏡にイランを映し、イランという鏡に日本を映し出しているようだ。この回顧録は、日本とイランという二枚の合わせ鏡である。日本論であると同時にイラン論でもある。

アラグチ氏の外務大臣就任の報に触れながら

二〇二四年八月

対談：笹川平和財団角南理事長／アラグチ元大使

二〇二四年二月二七日　イラン政治国際問題研究所（テヘラン）にて

1　日本語訳出版の意義

角南理事長　本日はテヘランでお会いできて大変光栄です。

アラグチ元大使はすでにご存じのとおり、笹川平和財団は組織ミッションの一つに世界の平和と安全の実現への貢献を掲げ、様々な事業を実施しています。昨今、ロシアによるウクライナへの軍事侵攻やガザでの紛争が激化しています。そして、こうした戦争・紛争が世界の政治や経済、そして社会のあり方に大きな影響を与えています。様々な価値を有する国家、人々が存在する中で、誰が敵で誰が味方かという二項対立ではなく、そうした対立構造を作らない、インクルーシブで包摂的な社会を築いていくことが重要です。

特にイランは、中東地域をはじめとして世界の平和と安定のために大変重要な役割を果たし得る国です。他方で、アメリカによる経済制裁の影響から日本政府や政府機関、民間企業が活動を行うのが難しい状況にあります。こうした状況にあって、笹川平和財団は民間団体という立場を活用し、日本政府や政府機関とも適度に調整しつつ、アラグチ元大使をはじめとするイラン政府関係者との良好な関係を構築・維持し、日本とイランの良好な二国間関係、さらには世界の平和と安全の実現のために長期的視点に立った活動を実施しています。私はこれを「笹川流民間外交」と呼び、日本政府等の外交・公的活動と相互に補完しながら当財団の事業を実施しています。

当財団では現在、イラン政府要人を日本に招聘して日本関係者との対話の機会を設定したり、世界情勢に関する知的対話（ラウンドテーブル）の定期開催、イラン外交官養成学院の学生の日本短期研修、さらには日本人学生をイランに短期派遣する研修を実施し、両国間の政策レベルでの調和の促進とともに、両国間の長期的な友好関係を構築するための布石も打っています。こうした活動は、アラグチ元大使が日本大使として日本でご活躍されていた時代に、特に強化されたものであり、この場をお借りしてアラグチ元大使に感謝申し上げます。

アラグチ元大使　笹川平和財団の活動に協力でき、私自身も大変嬉しく思っています。是非、イランと日本の長期的な友好関係の構築・維持のため、私自身も引き続き協力をさせていただきたいと考えています。

ところで、このたびは私のイラン大使として日本に駐在していた時の回顧録の日本語版の出版

笹川平和財団角南理事長との対談の様子（2024年2月27日、イラン政治国際問題研究所）

にあたり、笹川平和財団にご協力いただいたことに感謝申し上げます。この本は、イラン人の読者のために、外国人である駐日イラン大使の私が日本に駐在し、自ら接し、自ら理解した「日本」と「日本人」を紹介するものです。そして、日本と日本人、その政策や行動から、イラン人が学び得ることについて記述しました。私の記憶、私自身が直面した出来事そのものを記述しています。読者の方々にとてもリアルなイメージを持っていただけると考えています。イラン人である私が自身で見聞きし体験してきたことをまとめ、さらに私なりの解釈やコメントを付しました。イランの読者にとって、日本や日本人から何を学ぶことができるかを理解していただけるものと思っています。この本を執筆するにあたり、私は極力中立な立場に立つことに努めました。このため必ずしもポジティブなことばかりではなく、ネガティブなことも書きました。もちろんポジティブなことのほうがずっと多く、そこから学ぶことも多くあります。

この本をペルシャ語で執筆・出版した時、笹川平和財団の笹川陽平名誉会長に報告したところ、「日本語に翻訳し日本人に読んでもらうと、日本人にとっても、外国人が自分たち日本人をどう見ているかを知る良い機会になる」と仰っていただきました。ある枠組みの中にいると、その全体像が見えなくなることがあります。それを、外から見ることにより、物事をより正確に、客観的に理解することができる。良い部分はより強化し、そうでない部分は修正することが必要で、そうした行動のために役立つということで。

笹川名誉会長、角南理事長がこの本の日本語訳の出版の重要性を理解してくださり、笹川平和財団の皆さん、そして翻訳作業で多大な労力を割いてくれた、私の在日イラン大使館勤務時代の通訳であった稲見誉弘氏に感謝いたします。

角南理事長　日本人自身が、「外からの視点」に基づく話を聞くことの利点については、まったくその通りだと思います。しかしながら残念なことに、日本人が「外の声」を聞く時、そのほとんどはアメリカをはじめとした西側諸国からのものになります。第二次世界大戦後、こうした傾向の報道が、日本のメディアにより長期間にわたって行われてきました。その結果、日本が世界の中で果たすべき役割について、私たちの日本人の考え方や行動を歪めてしまっている側面があります。西側諸国を中心とした「外からの視点」だけでなく、アジアの視点、特にイランの視点に基づく意見を聞き、自分たちの価値観や歴史を見直すことは、日本人にとってとても重要だと考えます。

2　日本人の行動様式

アラグチ元大使　この本の原本であるペルシャ語版の出版にあたり、イラン人に日本人の振る舞いを紹介することが私の関心事の一つでした。この本のほとんどの部分で、日本社会や日本人の特徴を説明しています。本の中に具体的に書きましたが、その中には世界でもかなりユニークと思うこともあります。

ちょうど昨日、笹川平和財団の事業で、日本での短期研修に参加したことのあるイラン人学生に対する講義を行いました。その際、彼らに「日本を訪問して何を見て来ましたか？」と質問をすると、全員が「日本社会の規律」と答えました。これは外国人が日本を訪問すると必ず感じることで、日本社会は非常に厳しい規律の下にあります。すべて秩序正しく、これにより日本社会では仕事が迅速に行われ、期待される目標にも到達できます。

この本の中でも紹介しましたが、私が日本に赴任するにあたり、在イラン日本大使の城田安紀夫氏に面会をしましたが、その際城田氏は、日本のことを「東洋の心」「西洋の思考」、そして

「日本の道徳観」という三つの言葉で説明してくれました。説明を受けた時にはすぐに理解ができず、しばし考えさせられました。が、実際に日本に赴任してみて、日本の人々と仕事をする中で、この城田氏の言葉が本当に正しいという結論に達しました。特に、日本独特の倫理観のようなものが、日本社会のどこにでも見られるのです。それなのに日本人の仕事のやり方、人々や社会、政府の考え方はどこか西洋的です。と同時に、西側諸国ではまったく見過ごされる「東洋の心」を見ることができます。西洋ではテクノロジーやイノベーションを目にすることができますが、彼らの心から何かを感じることはできません。親切で個人的な関係という良いフィーリングは、ほとんどのヨーロッパ諸国やアメリカでは失われています。しかし日本では、ほとんど西洋的な思考でありながら、同時に東洋的な温かみを感じることができます。それは、私たち東洋人、特にイラン人が慣れ親しんでいるものです。例えば、イラン社会ではすべてが法律や規則に厳格に基づいて動いているわけではなく、個人的な心のこもった関係のほうがより重視されます。日本でそれを感じることができ、とても興味深かったです。

日本に着任後、他国から派遣されている各国の駐日大使に挨拶回りをしました。表敬訪問です。この表敬訪問の主な目的は、日本駐在の先輩大使の方々から、彼らの「日本」に関する経験を学ぶことにあります。彼ら先輩大使は自らの日本での経験を教えてくれました。そのうちの一人が、「日本は三つの言葉で要約できる」と言いました。それは「調和、調和、調和」とのことでした。大変驚いたものの、その後、私は日本で生活し仕事をする中で、本当に至るところでその「調和」を目の当たりにすることになり、日本について同僚と冗談を言いあいました。日本人が決断を下すには時間がかかります。例えば、日本の外務省が物事を決めるのに、あらゆる部署に意見を求めなければなりません。私は冗談で、「外務省が何かを決める時は、門番から天皇陛下に至るまですべての人と調和をとらないといけないようだ」と言ったことがあります。日本の社会では、すべての人がそのことを知り、意見を述べ、そしてそれを調和させています。

角南理事長　日本人の一人ひとりの中にある「東洋の心」と「西洋の思考」については、両者のバランスが大事であると考えています。実際のところ、両者が上手くバランスを取っていることもあれば、西洋なのか東洋なのかという自分自身の中で葛藤が生じていることがあるのも実情です。

私が日本政府の科学技術政策のアドバイザーを務めていた時のことを思い出します。当時、日本政府は日本社会のイノベーションをさらに促進するため、組織の中で西洋的な個人主義の枠に囚われず、いかに自由で革新的な発想を導き出せるかということを議論していました。その際、ある巨大メーカーの元役員の人が、「シリコンバレーなど欧米がやっていることを真似るような極端に走るのではなく、日本独自のやり方を見つけなければなりません。東洋的な心と西洋的な思考のバランスをとらなければならず、これは大変難しいことです」と言われたことをよく覚えています。

私たちはつい極端な方向に走りがちです。日本では二〇年以上にわたって経済成長が止まったような状態が続いているため、私たちは本当に変わらなければなりません。が、その方向性は、より西側諸国へ、よりアメリカへと向かっています。中国との関係においても、私たちはすでに日本をアジアの外に置き、西側のG7諸国と同盟を結んでいます。我々は西洋のように振る舞っていますが、日本人が志向する変化の方向性は、なによりもアメリカ的でありたいということなのです。そしてそれが日本人としての独自性の欠如を引き起こしています。新型コロナウイルス感染症は、残念なことに日本に来る人々をすべてシャットアウトしてしまいました。そのため私たち日本人は自分たちだけでこのプロセスを考えることになり、その結果、アラグチ元大使が言われた「日本が日本人として残すべきもの」の価値を失いつつあるように思います。今、私たち日本人に求められているものは、これまでの日本らしいあり方を完全に変えることではなく、日本のために良いものは残すべきなのです。アラグチ元大使のこの本は、まさにその目的にふさわしいタイミングで出版することができたと思います。

3　イランにおける人のつながり

アラグチ元大使　イラン社会には多様性があり、さまざまな民族が存在します。イラン社会では、さまざまな背景や民族の間に包容力のようなものを作りだすことを常に学んできました。イランの人々は調和と規律、チームワークの重要性は知っているものの、必ずしもそれが身についているわけではありません。イラン人はそうした教育を受けていません。どうすればそういうことができるのかを学んでいません。イランの人々は個人主義です。自分のことは自分で決める。ほとんどの場合、彼らはチームワークを好みません。そして、チームワークの中で自分の仕事をしないと、調和の必要性さえ感じなくなります。この点、私が日本社会から学んだことは、日本人は幼少期から、たとえ幼稚園であっても規律やチームワーク、調和などあらゆるところで教えられています。日本人は常に調和を意識し大切にします。本書では、幼稚園の頃から「調和」の必要性を教えるべきだと書きました。ただし、これをネガティブに捉えると、日本人は「和」がなければ何もできないように育ってしまっているとも言えます。「和」がなければどうすればいいのかわからない。なぜならすべてにおいて調和させることを学んで育ってきたからです。

「東洋の心」から出てくるものの一つは家族の価値観です。そして、日本にはそれが欠けていると思います。西洋的なライフスタイル、つまりアメリカ的なライフスタイルが到来すればするほど、家族の価値観は弱まっていきます。これは世界のどこでも起こっていることです。イランでも、西洋化した家庭ではイランの伝統的な家族の価値観が弱まっています。日本でも感じますが、家族の価値観は以前ほど強くありません。

イランではビジネスに関してはチームワークを好まず、仕事は個人個人で行います。が、プライベートでは家族で集まり、友人を集め、みんなを招待して一緒に楽しみます。日本ではその逆。一緒に働くけど、プライベートな時間は個人個人で楽しんでいます。日本に着任してしばらく経つと、東京郊外の公園やピクニック・スポットがあることに気づきました。そこで週末に私たちは家族と一緒に遊びに行きました。イラン大使館のスタッフもみんな一緒に行き楽しみました。二〇〜三〇人のグループで食べ物を持ち寄り、一緒に座って食事を楽しみました。ところが、そこにいた日本人はほとんどが一人、またはせいぜいカップルでした。そして、彼らは私たちのことをとても奇妙な目で見ていました。仕事やビジネスでチームワークを発揮するだけでなく、家族で集まったり、ピクニックに行ったりしてプライベートの時間を楽しむこともチームワークだと思うこともあります。

角南理事長　私が子どもの頃、私の家族は大家族で、いつも一緒に日本各地を車で旅行していました。今はこのようなみんなで集まって楽しむということが失われ、日本のコミュニティの独自性の良さが失われることは非常に危険なことだと思っています。

4　イランと日本の関係

アラグチ元大使　イランと日本の関係は、相互利益、相互尊重に基づき、とても良好な関係を築いてきました。基本的に両国の間に問題はありません。しかしながら時として問題が発生しますが、それらは第三者からもたらされるものです。日本がアメリカの同盟国であることは事実であり、イランはそれを受け入れるべきだと思います。それは日本人の決断と政策であり、日本人は自らの意思により同盟国を選ぶ権利があります。同時に、日本はイランの友人でもあります。これは日本が持つユニークな立場とも言えます。このような立場は他の国では見たことがありません。

世界の他の地域のアメリカの同盟国は、イランにとって友好国とは思えません。だからこそ日本は、イランとアメリカの間を取り持つことができるのです。もちろん、これは簡単な仕事ではありません。イランとアメリカの間の問題を解決することは非常に難しく、時には不可能なこともあります。それでも日本は、これまでもそのための努力をされてきましたし、最近もそのような努力をされていました。

私の頭の中にはさまざまな事例があります。特に思い出すのは、故安倍首相の取り組みです。安倍氏はアメリカとイランの関係を改善するために、日本がその役割を果たそうと多くの工夫と努力をしてくれました。イランとアメリカに具体的な対応案を提示し、アメリカによる経済制裁の一部が解除されるように貢献してくれました。詳しくは申せませんが、非常に革新的な、まさに日本発のアイディアでした。日本人は創造性と革新性の達人です。安倍氏が二〇一九年にイランを訪問した時、イランのハメネイ最高指導者やローハニ大統領に会い、大統領を日本に招待しました。残念なことに安倍氏の試みは上手くいかなかったものの、安倍氏がベストを尽くしたことが重要だったのです。なぜそうしたのか。日本にしかできない役割だからです。友人として。

安倍氏がハメネイ最高指導者に会ったとき、最高指導者は他のどの国の指導者にも言ったことのないようなことを発言しました。これは非常に重要な言葉であり、日本にとっても重要な財産だと思います。イランの人々は指導者も含めて日本を信頼しています。私自身も本当に安倍氏に感謝していますし、常に彼を尊敬し、平和と彼の冥福を祈ってきました。彼が不幸な暗殺によって亡くなった時、テヘランの日本大使館に記帳台が設置されました。私はローハニ前大統領に、「どうか日本大使館に行って記帳をしていただきたい」とお願いをしました。前大統領は私の願いを聞き入れてくれ、日本大使館は当初の記帳受付期間を一日延長し、ローハニ前大統領の弔問を受けてくれました。

日本はイランの人々にとって非常に信頼できる国です。私はいつもイラン人の同僚や友人に、「イランの街に行って一般の人々に、日本を含め思いつく一〇の国の名前を聞いてみろ。そしてそれらの国でどの国が一番信頼できるか聞いてみろ」と言っています。一〇人中九人が日本と答えるに違いありません。これはあなた方日本にとっての財産です。イランの人々は、例えばイランに輸出されている日本の日用品や自動車に対して非常に好感を持っており、日本の技術を信頼しています。値段が高くても、値段が二倍しても日本製品が選ばれます。強調したいのは、これはあなた方にとっての財産だということです。イランにおけるあなた方日本のイメージはとても良い。この財産を踏まえ、日本自身がより信頼を高めて国際社会の安定化に貢献されることを期待しています。

角南理事長　私は、故安倍首相がどのようにして、日本とアメリカをはじめとする西側諸国との同盟関係をベースにしつつ、イランとの信頼関係も大切にして両者の橋渡しを担おうとしてきたかを知っています。

アラグチ元大使　アメリカでトランプ氏が大統領選挙で勝利をした時、安倍氏はすぐにアメリカに行って、大統領就任前のトランプ氏と面会し、非常に個人的な関係を築いて、当初トランプ氏が考えていたアメリカの対日政策を変えました。トランプ氏は大統領になる前の選挙戦で、日本を含む多くの国との外交政策について従来とは異なることを主張していました。そうした中、安倍氏はアメリカに飛び、トランプ氏と面会し議論をした。状況を理解して迅速に行動する賢明なリーダーであったと思います。

トランプ元大統領によりアメリカがＪＣＰＯＡ（イランの核問題に関する包括的共同作業計画）から離脱し、すべてが変わってしまいました。当時、イラン政府も最善を尽くそうとしていましたが、別の理由でそれは実現しなかった。そして、トランプはイランに対して最大限の圧力をかける政策を導入しました。そしてこの方針が今も続いている状況です。バイデン大統領はそれを変えることができていません。今後のアメリカ大統領選挙の行方はわかりませんが、もしトランプ氏が再度大統領になった場合、イランを含め、多くの国の対米外交政策に大きな影響を与えることでしょう。しかし、日本ならきっとうまくいくと思います。もう「安倍首相」はいませんが、トランプ大統領と別の意味で良好な関係を築ける非常に賢明な政治家が日本にはいると思います。その時、日本はイランとアメリカの間を調整する役割を果たすことができます。私は、日本がこの役割を続けることができると信じています。もちろん、これは簡単なことではありませんし、常に可能というわけでもありません。それでも、私たちイラン人は日本に対して常に非常に好意的な感情を抱き、期待をしています。

角南理事長　新しい指導者がその役割を自覚し、日本をその方向へと導いてくれることを期待します。と同時に、イラン側からも、日本に対して「あなた方はユニークな立場にいるのだから、人類のためにその役割を果たすべきだ」とのメッセージを伝えていただくことを期待します。

5　日本人の平和観と笹川平和財団の果たすべき役割

アラグチ元大使　本日の対談の最後に笹川平和財団について話をさせてください。これは日本社会の平和志向、第二次世界大戦後の日本の平和政策に関することでもあります。

私が出会ったほとんどのイラン人、そして、私がイラン外交官を養成する大学院で外交政策の講義をしているイラン人学生たちにとって、どうしても理解できないことがあります。それは、第二次世界大戦後の日本の立ち位置に関する点です。日本はアメリカにより核兵器で攻撃され、多くの人が命を失い、そして敗戦しました。そしてアメリカの支配下に置かれました。しかし、アメリカとの間において、非常にユニークで重要な関係を築き、経済力のある国として再建する政策を選択しました。そして、数十年後にはついに世界第二の経済大国となった。なぜアメリカと日本人は、アメリカによる核兵器による攻撃を忘れることができたのか。なぜ日本とこれほど良好な関係を築けたのか。そして、戦前に何があったのか、戦時中に何があったのか、戦後に何があったのか、日本とアメリカの間にどのような関係が築かれ、日本はその関係からどのような利益を得たのかという点が多くのイラン人にとってとても不可思議なことであり、興味を抱く点です。

この点をイラン人である私が解説させていただくと、第二次世界大戦後に日本が選択した政策の一つは、平和のパイオニアになるということだった。それが重要だった。私はいつも学生にこのことを教えています。日本が第二次世界大戦後に戦前の軍国主義を捨てると決めたことを説明するのです。日本人は核攻撃を受けた経験から学んだ。だから今、日本は核兵器のない世界を目指すパイオニアなのです。そして、日本はこの領域でのリーダーであり、その政策は平和と平和創造、平和構築、世界のあらゆる場所での平和の実現に焦点を当てています。そして、日本は平和を愛する国として、そのイメージを作り上げてきました。重要なのは、日本が平和を愛するというスローガンを掲げているだけではないことです。日本は平和のために努力してきました。

日本は原子力発電の技術を持っています。当初、世界は日本が原子力爆弾を作り、アメリカへの復讐を企んでいるとの疑念を持ちました。が、日本はそのような意図がないことを、国際機関をはじめ世界に示し、信頼を勝ち得ました。

日本社会にとっての財産の一つにあなた方笹川平和財団の設立があると思います。笹川平和財団はこれまで、平和の架け橋となり、国家間の理解の架け橋となるために活動されてきました。特にイランで行ってきた活動は大変有意義です。様々な活動をされていますが、その中でも学生交換プログラムは本当に素晴らしいと思います。日本を訪問したイラン人学生全員に会いましたが、みな満足していました。彼らは皆、「日本から大変良いことを学んだ」と言ってくれました。また、日本人学生のイラン訪問も本当に素晴らしいことで、イランでも高く評価されています。また、他の活動も両国間の理解の深化に寄与し、とても有意義です。こうした相互理解と人材育成こそ、今必要なことだと思います。正直なところ、イランは外交力が非常に弱い。世界におけるイランのイメージは良くありません。しかし、それはイメージであって現実は異なります。笹川平和財団は、本当のイランを日本の人々に紹介されてきました。これは、イラン人と日本人の間の理解を築くためにはとても重要なことです。

笹川平和財団角南理事長へ自著を贈呈（2024年2月27日、イラン政治国際問題研究所）

角南理事長　四年前に私が笹川平和財団の理事長に就任して面会した人の中に元駐米大使の佐々江氏がいます。佐々江氏は日本大使として、アメリカではとても厳しい現実主義者でした。佐々江氏は、「日本は世界の平和実現において日本が果たせる役割を探すべきだ。それが、この世界的な不確実性の中で日本が生き残るための唯一の方法なのだ」と言われました。さらには「人間の基本的な権利の保障である人間の安全保障を大切にするべきだ」とも言われました。現実問題として、日本政府の外交政策は日米同盟をはじめとする諸外国の外交政策の影響を受けながら決定されていきます。また、それらは時として短期的スパンの政策です。政府レベルの外交は、そうした諸外国の短期スパンの外交政策に影響を受けるところが多分にあります。しかしながら民間の組織である笹川平和財団はそうしたものとは一線を画し、グローバルな舞台で長期的視点に立ち、真に必要なことに取り組むことができます。これこそ私が申している「笹川流民間外交」の一端です。この観点に立ち、私たち笹川平和財団はイランとの連携事業をより広範囲に発展させようとしています。

アラグチ元大使　私の本の翻訳が、イランと日本の人々の間のこの理解に貢献し、イランと日本の政府がよりよく協力しあえるようになることを願っています。本日はありがとうございました。

イラン外務省付属国際関係学院学術評議員　セイエド・アッバス・アラグチ
公益財団法人 笹川平和財団理事長　角南 篤

セイエド・アッバス・アラグチ
1962年生まれ。1989年、イラン・イスラム共和国外務省入省、1999年、駐フィンランド特命全権大使（エストニア兼任）、2004年、外務省附属国際関係学院院長、2005年、外務事務次官（法務・国際問題担当）、2008年、駐日特命全権大使、2013年、外務事務次官（法務・国際問題担当）、核交渉首席交渉官、2017年、外務事務次官（政務担当）、2021年、外交関係戦略評議会書記、2022年、旭日重光章受章、2024年、外務大臣
著者論文多数。政治学博士（イギリス、ケント大学）

稲見誉弘
1974年生まれ。1997年、東京外国語大学ペルシア語専攻卒、2004年から駐日イラン・イスラム共和国大使館勤務、大使や要人の通訳、翻訳業務に携わる
文学博士（イラン、テヘラン大学）

編集協力／公益財団法人 笹川平和財団

イランと日本——駐日イラン大使の回顧録 2008～2011

2024年10月20日　初版第1刷印刷
2024年10月30日　初版第1刷発行

著　者　セイエド・アッバス・アラグチ
翻　訳　稲見誉弘
発行者　森下紀夫
発行所　論 創 社
東京都千代田区神田神保町 2-23　北井ビル
tel. 03（3264）5254　fax. 03（3264）5232　https://ronso.co.jp
振替口座　00160-1-155266
装幀／菅原和男
印刷・製本／中央精版印刷　組版／フレックスアート
ISBN978-4-8460-2413-0　